Jacques Salomé

Psychosociologue, Jacques Salomé fut longtemps formateur en relations humaines et fervent militant de l'enseignement de la communication à l'école comme une matière à part entière. C'est pour lui « le seul antidote non violent à la violence ».

On lui doit de nombreux ouvrages, dont *Papa, maman écoutez-moi vraiment* ; *Contes à guérir, contes à grandir* ; *Pour ne plus vivre sur la planète TAIRE* ; *Aimer et se le dire*, ou *Voyage aux pays de l'amour*, pour la plupart consacrés à la communication, notamment au sein du couple et de la famille. Son approche concrète et pragmatique, servie par une expression simple et imagée, lui a valu la faveur d'un très large public, tant pour ses livres que lors de ses conférences. Son dernier ouvrage, *J'ai encore quelques certitudes* est publié aux éditions Albin Michel.

Depuis 1997, il se consacre également à son œuvre romanesque et poétique. Père de cinq enfants, Jacques Salomé vit en Provence.

Retrouvez toute l'actualité de l'auteur sur :
www.j-salome.com

D1513477

ÉVOLUTION
Des livres pour vous faciliter la vie !

Eduardo PUNSET
101 raisons d'être optimiste
… et de croire en demain

Catherine BENSAID & Pauline BEBE
L'Autre, cet infini
Dialogue autour de l'amour et de l'amitié

Daniel GOLEMAN
Attentif, concentré et libre
Concentration, pleine conscience : les clés de la réussite

Jacques SALOMÉ
Voyage aux pays de l'amour

Catherine GUEGUEN
Pour une enfance heureuse
Repenser l'éducation à la lumière des
dernières découvertes sur le cerveau

Fabrice MIDAL
Frappe le ciel, écoute le bruit
Ce que vingt-cinq ans de méditation m'ont appris

Rick HANSON
Le Pouvoir des petits riens
52 exercices simples pour changer sa vie

Sonja LYUBOMIRSKY
Qu'est-ce qui nous rend vraiment heureux ?

Shawn ACHOR
Comment devenir un optimiste contagieux ?

Jacques H. PAGET
Le Pouvoir de l'illusion
Apprendre à convaincre et à négocier

Manuel de survie
dans le monde du travail

Jacques Salomé

Manuel de survie dans le monde du travail

ou comment faire face aux situations de stress

LE RELIÉ

Pocket, une marque d'Univers Poche, est un éditeur qui
s'engage pour la préservation de son environnement
et qui utilise du papier fabriqué à partir de bois
provenant de forêts gérées de manière responsable.

© 2010, Les Éditions du Relié,
84220 Gordes – France

ISBN : 978-2-266-26675-8

La valeur du travail d'un homme, ou d'une femme, ne peut se réduire à une production ou à un service qui sera payé par un salaire ou des honoraires.

Cette valeur doit inclure le fait que travailler huit heures par jour, c'est vendre huit heures de sa vie par jour. Et que le prix de cette vie est inestimable.

Tant que nous sommes persuadés que la crise est essentiellement économique et financière, nous ne pouvons pas entendre et comprendre qu'elle est surtout relationnelle et identitaire.

Le travailleur d'aujourd'hui qui se débat dans des difficultés matérielles et personnelles multiples est surtout à la recherche d'une identité perdue.

Merci à la vie

Quand au petit matin, encore ensommeillé, je bouche mes oreilles et proteste contre mon réveille-matin qui sonne intempestivement…

Je peux dire merci à la vie : je peux entendre. Il y a tant de sourds qui m'entourent.

Lorsque je cligne des yeux trop sensibles à l'éclat du soleil levant…

Je peux dire merci à la vie : je peux voir. Il y a beaucoup d'aveugles de par le monde.

Lorsque je glisse maladroitement sur le sol de ma douche et peste contre ce qui aurait pu m'arriver si…

Je peux dire merci à la vie : j'ai la force de me lever, de tenir debout, de terminer ma toilette. Nombreux sont ceux qui n'ont pas d'eau ou sont alités.

Lorsque dans ma cuisine je découvre qu'il n'y a plus de thé, que la cafetière est en panne, que le lait est tourné et que mes enfants ont dévoré ce qui restait dans le pot de miel…

Je peux dire merci la vie : je ne meurs pas de faim, mes enfants sont en bonne santé, j'ai une journée toute neuve qui s'annonce. Innombrables sont ceux qui ont faim, qui sont séparés de leurs enfants ou qui sont seuls au monde.

Lorsque j'ouvre mon ordinateur et découvre les dizaines de courriels qui attendent une réponse ou que la pile de courrier est si haute qu'elle occulte la lumière de ma fenêtre...

Je peux dire merci à la vie : j'ai encore beaucoup à faire devant moi. Quelques humains de par le monde attendent quelque chose de moi. De nombreuses personnes n'ont pas de travail, et d'autres encore peuvent avoir le sentiment qu'elles n'existent pour personne.

Lorsque je peste contre le bruit des autos, celui des avions, contre les odeurs, contre la laideur des panneaux publicitaires qui envahissent une partie de mon horizon dans les embouteillages qui me conduisent en ville...

Je peux dire merci à la vie : il y a encore des oiseaux, je vois des abeilles et des papillons, je peux sentir de ma cuisine le plan de sauge que j'ai planté à l'automne, le bleu du ciel m'émeut toujours et pas très loin un enfant rit.

Lorsque je me laisse entraîner par mon sens critique et me plains que le monde devient insupportable et qu'il serait temps d'arrêter toute cette folie et de s'interroger quand même.

Je peux dire merci à la vie : elle est là, présente, palpitante, généreuse dans son présent, immense dans son devenir.

Lorsque je me couche le soir avec une grande fatigue, liée non à tout ce que j'ai fait mais à tout ce que j'aurais dû faire...

Je peux dire merci à ma vie : tu es la toujours fidèle, tu m'accompagnes sans répit avec une fiabilité extraordinaire. Tu m'habites à chaque instant et je sais que tu vas veiller sur moi jusqu'au petit matin.

Prendre le risque de s'adapter

> « Ce ne sont pas les espèces les plus fortes ni les plus intelligentes qui survivent, ce sont celles qui savent s'adapter. »
>
> *Charles Darwin. 1859*

S'adapter, cela veut dire être capable de survivre dans les différents milieux où nous sommes amenés à vivre, même les plus hostiles.

S'adapter, c'est se donner les moyens de protéger et de préserver son intégrité physique, psychologique et morale dans un environnement qui change, surtout s'il ne répond pas à nos attentes.

S'adapter, c'est accorder plus de vigilance à ses besoins relationnels vitaux et donc veiller à en prendre soin face à des personnes qui ne les entendent pas toujours ou qui peuvent parfois même les maltraiter.

S'adapter, c'est aussi garder l'espoir que, quoi qu'il arrive, nous allons faire face et continuer à nous respecter, même si autour de nous les autres ne témoignent d'aucune considération à notre égard.

Il se trouve que beaucoup de salariés sont aujourd'hui en souffrance morale et psychique dans leur travail. Cela n'est pas nouveau, il y a toujours eu de la souffrance dans l'univers du travail, il serait naïf de penser qu'il est possible de la supprimer totalement. Le changement à introduire serait de redonner un sens au travail, au-delà d'un résultat à obtenir et de sa finalité la plus prédatrice, à savoir le profit. Donner du sens au travail pour éviter que la souffrance s'accumule, qu'elle déborde, qu'elle envahisse la vie personnelle et familiale des travailleurs, pour éviter, en finalité, qu'elle pollue et détériore l'ensemble de leur vie.

S'adapter nous semble donc, aujourd'hui, être un des enjeux les plus vitaux pour chaque travailleur, quelle que soit la fonction qu'il occupe ou la tâche qui est la sienne, pour savoir faire face aux contraintes, aux rapports de force et aux violences qui traversent en permanence leur quotidien.

S'adapter devient la priorité, la base même des échanges intrarelationnels (avec soi-même) et des partages interrelationnels (avec autrui) dans une entreprise.

S'adapter pour retrouver une emprise sur son existence, pour continuer à pouvoir être, encore et toujours, auteur de sa vie.

La fragilité humaine

Nous les humains sommes à la fois fragiles et forts, parfois puissants et souvent vulnérables, toujours imprévisibles face à nos faiblesses. Car nous sommes pris dans un double mouvement de croissance ou de dépassement de soi, et en même temps prisonniers de nos limites et de régressions possibles. Il m'a semblé intéressant de s'interroger sur la fragilité humaine dans ses origines, ses causes et ses manifestations multiples. Il convient tout d'abord d'accepter notre fragilité de base, en particulier celle liée à notre état primordial d'être inachevé. En effet quand nous sortons du ventre de notre mère, notre maturation physiologique, mentale, relationnelle est incomplète. Ce qui nous place dans une situation critique d'immaturité et de dépendance vis-à-vis de notre environnement proche. Nos parents ou ceux qui les remplacent vont jouer un rôle vital dans cette succession de miracles, qui après notre venue au monde vont jalonner notre enfance. Cette fragilité originelle sera diminuée ou augmentée selon la façon dont notre entourage va répondre ou pas, de façon adaptée ou inadaptée, bienveillante ou malveillante à nos besoins de survie. C'est en ce sens que les personnes significatives de notre enfance jouent un rôle essentiel dans la construction de notre personne et surtout dans la façon dont nous allons pouvoir, par la suite, entrer en relation et nous confronter avec un environnement plus ou moins accueillant ou menaçant.

Il y a aussi des fragilités qui vont s'inscrire en nous à partir de traumatismes, d'agressions ou de violences qui vont traverser notre existence et créer en nous des blessures archaïques profondes autour de l'humiliation, l'injustice, la trahison, l'impuissance, l'abandon ou le rejet. Blessures qui peuvent se réveiller, se réactualiser par la suite à partir d'événements apparemment insignifiants, de conduites ou de circonstances vécues comme négatives, ou de rencontres qui vont se révéler toxiques ou malsaines pour nous.

Il y a des fragilités circonstancielles, éphémères ou plus durables liées à la perte d'un être cher (de chair !), la disparition brutale de personnes de notre galaxie affective, amoureuse, comme un parent, un ami, un conjoint, et qui vont nous entraîner parfois dans un circuit de souffrance et de désarroi qui nous laisse exsangue et sans force. Et puis bien sûr, mais cela est moins reconnu, il y a les fragilités entretenues par ce que j'appelle des autosaboteurs, c'est-à-dire des pensées « négativantes » (ruminations, rancœurs), des conduites autotoxiques (prises de décision réactionnelles), des comportements destructeurs (de fuite ou de provocation), des choix amoureux erronés (passion, jalousie, mise en dépendance), qui vont nous entraîner à faire exactement ce qui ne nous convient pas, à nous engager dans une direction ou à prendre une décision qui ne correspond pas du tout à nos véritables besoins relationnels ou nos attentes profondes.

Il faudrait aussi parler du principe d'inégalité devant le malheur, car une même situation conflictuelle, le même événement traumatisant lié à un accident ou à une maladie ne s'inscrivent pas avec la même résonance, ne touchent pas les mêmes enjeux de notre histoire, ne déclenchent pas les mêmes ressources, ne débouchent pas sur les mêmes peurs ou désirs chez l'un ou chez l'autre. Car il y a ce qui nous arrive, nous atteint ou nous blesse, et ce que nous en faisons. Nous avons l'exemple des rescapés des camps de concentration nazis, des goulags soviétiques, des génocides cambodgiens ou rwandais, pour ne parler que des plus récents, qui n'ont pas inscrit en eux les mêmes violences et en gardent des traces différentes.

Ce sont rarement des colosses ou des personnes de forte constitution, mais souvent des êtres apparemment faibles, au physique peu remarquable, qui ont survécu, qui ont trouvé des ressources insoupçonnées en eux pour traverser l'enfer et rester vivants. Il y a des êtres dont le quotient de résilience (si ces deux termes ne sont pas contradictoires) paraît plus élevé que d'autres, ce qui leur permet de mieux rebondir, d'être plus actifs, plus dynamiques dans la reconstruction de leur personne. Ainsi un des paradoxes de notre fragilité réelle sera de susciter, face à certaines situations, non seulement des faiblesses ou de l'impuissance, mais aussi de stimuler des ressources inattendues, de reculer nos limites, de nous permettre de renaître, de nous réapproprier un pouvoir de vie nouveau.

La tentation de la colère

Il y a souvent dans une existence, chez chacun de nous, la tentation de la colère. L'envie d'exploser, de crier, de gesticuler ou de manifester notre ras-le-bol, notre désaccord, notre indignation.

Avec des ressentis différents (et parfois contradictoires) sur les justifications, les conséquences de ses propres accès de colère et surtout sur les colères des autres.

La colère se veut libératrice (du moins veut-on le croire !) pour celui qui l'exprime. Elle paraît apaiser la tension qui monte en nous, mais ne réduit pas pour autant l'insatisfaction qui l'a provoquée ! Elle donne le sentiment que notre réaction est justifiée, que nous avions « *quand même raison de manifester que notre patience a des limites* ». La colère est affirmée comme la juste manifestation d'une saturation, la limite d'un trop-plein, la fin de notre passivité, le refus d'aller plus loin dans le compromis ou le constat d'un échec à toutes nos tentatives d'accommodation. La colère devient l'expression explosive d'un « *ça ne peut plus durer !* », elle traduit le débordement nécessaire pour montrer que notre seuil de tolérance est atteint. Elle peut être salutaire dans le sens où elle peut nous éviter (surtout avec nos enfants) de passer à l'acte avec une gifle ou une violence physique. La colère *débondée* qui se répand sur l'autre débouche parfois sur un sentiment de culpabilité et sur la production de nombreux auto reproches. Nous nous en voulons d'avoir explosé, peut-être même d'avoir terrifié ou blessé l'autre ! La colère alors va être suivie d'excuses ou de cadeaux compensatoires qui peuvent apaiser (pas toujours) les uns et les autres. Il y a aussi les colères rentrées, retenues, colmatées par des comportements d'apaisement, de pseudo-compréhension qui se transforment quelquefois en somatisations ou malaises et empoisonnent nos journées et nos nuits !

Il y a encore les colères déviées sur quelqu'un d'autre qui n'en peut mais et qui se demande ce qui lui arrive ! C'est ce que m'a dit un de mes fils un jour : « Quand tu es fâché contre maman ce n'est pas sur moi qu'il faut te soulager ! » Colères parallèles que nous allons jeter, déposer sur des objets qu'on fracasse avec une vigueur qui semble se renouveler à chaque objet détruit !

La colère, nous le savons, est un langage. Un langage un peu archaïque mais toujours utilisé à l'âge de l'ordinateur et des satellites. Son origine est dans la rage du bébé qui hurle pour déclencher une réponse qui n'est pas entendue. Réponse exigée face à une attente qu'il n'a pas su encore transformer en demande, mais pour laquelle il réclame satisfaction immédiate. Nous sentons la colère monter en nous (ce qui signifie bien qu'elle vient de loin), quand ce qui se passe autour de nous : événement, attitude, comportement ou parole, nous donne le sentiment de ne pas être entendu alors que l'évidence crève les yeux. La colère surgit aussi quand nous nous sentons incompris ou niés alors que nous savons (ou croyons) « que nous avons raison ».

La colère est le langage privilégié que nous utilisons pour dire que nous sommes victimes d'une injustice face à la non-écoute ou à la mauvaise foi que nous percevons chez l'autre ! Mais il n'est pas certain que ce langage sera mieux entendu, car il déclenche souvent des réactions agressives ou de fuite.

Pour ma part, je pense que la colère est une déperdition d'énergie, car son efficacité pour modifier la situation ou inviter autrui à changer est très minime. Je suis pour la mise en pratique d'un certain nombre de repères et de balises, pour favoriser l'émergence du relationnel sans se laisser entraîner par le réactionnel.

- La confirmation : je reformule, je mets des mots sur ce qui s'est passé tel que j'ai perçu l'événement ou la situation.
- L'affirmation : je mets des mots sur ce que je ressens face aux paroles ou aux comportements de l'autre.
- La confrontation : je ne perds pas de temps ni à vouloir convaincre, ni à m'opposer, je réaffirme ma position, mes idées, mon ressenti, mes sentiments face à ceux de l'autre.
- La restitution : je renvoie à l'autre (comme lui appartenant) ce qui me vient de lui quand ce n'est pas bon pour moi.
- La prise de distance : je cherche la bonne distance pour ne plus me polluer avec ce qui vient de se passer.

Ainsi la tentation de la colère peut-elle devenir un point d'appui pour apprendre à me situer, à maintenir du relationnel sans me laisser entraîner dans des comportements qui vont m'éloigner encore plus de moi.

La tentation de la violence

Je crois que chacun d'entre nous porte en lui la tentation de la violence. Lovée au fond d'une blessure de l'enfance comme l'humiliation ou l'injustice, elle peut réclamer soudain réparation au grand jour, par un passage à l'acte ! Alimentée par l'incompréhension ou le déni, cachée dans les marécages de l'impuissance, entretenue avec l'acide de l'avarice, le démon de la jalousie ou les leurres de la revanche, la violence est un des possibles de nos immenses ressources.

Elle peut aussi nous libérer, du moins le croyons-nous, des prisons de la peur et se jeter brutalement sur ceux que nous rendons responsables de nos malheurs.

Qu'elle se manifeste par des mots (qui peuvent blesser, voire tuer) ou par des gestes et des actes, elle provoque dans tous les cas une atteinte à l'intégrité physique, morale ou psychologique de ceux sur lesquels elle va se répandre. Nous combattons bien sûr la tentation de la violence par l'éducation, par les bons sentiments, par une idéalisation de certains de nos comportements, conduites et attitudes qui seront valorisés au nom de valeurs respectables. Nous prenons appui sur la volonté, le contrôle ou la sublimation dans des activités ludiques et sportives. Que ces activités soient en prise directe avec un effort et un challenge personnel, ou parfois plus indirectes, avec la participation à des matchs de boxe, de catch, de football ou autres rassemblements qui vont permettre à la violence de s'exprimer avec l'adhésion et la participation de l'entourage. Avec le risque, nous le voyons parfois dans certains stades, de débordements et d'excès. Dans la vie intime, comme la vie de couple par exemple, la violence, malgré l'amour, reste à l'affût. En effet, c'est dans l'intimité d'un échange et le possible d'un partage que nous allons découvrir que certains de nos désirs sont dépendants, pour leur réalisation, de la réponse de l'autre. Cela nous renvoie, sans que nous en soyons conscients, à l'enfance, période où la réponse à nos demandes dépendait de nos parents, ce qui peut apparaître comme insupportable à certains ex-enfants devenus adultes. C'est une des origines de la violence conjugale et paradoxalement de la violence parentale, quand nous voulons imposer notre point de vue ou nos désirs à nos enfants et qu'ils résistent ou se dérobent à notre influence.

Combien de fois, dans le passé, me suis-je surpris à me lever brusquement, à quitter une pièce en claquant la porte, à m'éloigner pour ne pas imploser davantage ou pouvoir exploser à l'air libre, pour ne pas blesser, faire du mal à des proches !

Notre quotidien personnel ou professionnel est une pépinière d'événements ou de situations qui vont réveiller notre violence, parce que nous avons eu le sentiment que l'autre, les autres nous ont fait un préjudice, ont porté atteinte à notre intégrité psychologique ou morale. C'est ce qui arrive de plus en plus souvent dans le monde du travail, même si cette atteinte peut paraître dérisoire par rapport à ce qui se passe dans d'autres parties du monde ! Ce qui veut dire que nous ne sommes pas à l'abri d'un mouvement de violence qui va parfois dépasser notre intention et nous emporter bien au-delà de nos comportements habituels. Que ce soit sur un parking quand nous voyons qu'un automobiliste nous a coincé avec son propre véhicule ou dans un TGV où nos voisins n'arrêtent pas de bouger, de parler à haute voix, dans un lieu professionnel où notre collègue continue à fumer malgré les interdictions et nos interventions. Je n'ai garde d'oublier tous les incidents de voisinage, et ils peuvent être nombreux, comme quand notre voisin du dessus jette avec force, à minuit, ses chaussures sur son plancher (qui est aussi notre plafond !).

Tout se passe comme s'il y avait à certains moments, entre nous et l'entourage, une zone de sensibilité extrême, un espace de tolérance qui n'est pas toujours capable d'amortir l'impact venu de l'extérieur et qui peut jouer en certaines occasions le rôle de détonateur pour faire exploser une charge de frustrations ou une accumulation de déceptions et de contraintes. Je n'ai pas d'autre recommandation que celle d'inviter chacun à être vigilant au potentiel explosif et dévastateur que nous portons et à être plus conscient du détonateur, de l'incident qui va mettre le feu aux poudres de notre violence interne. Car les conséquences vont se retourner contre nous et nous allons ainsi risquer d'agrandir, d'augmenter la violence contre nous !

La seulitude

La *seulitude* est un sentiment personnel extrêmement intime, moins fréquent qu'on ne le croit, mais suffisamment structuré, chez certains enfants, pour résister à la plupart des interventions dites éducatives et, chez certains adultes, pour s'opposer et refuser toutes les attentions, prévenances ou manifestations d'intérêt. C'est le fait non pas d'être seul, mais de se sentir seul, quel que soit le monde qu'il peut y avoir autour de nous. Devant une forme atténuée de la *seulitude*, les réactions de l'entourage sont plutôt encourageantes, bienveillantes : « Il est encore dans la lune », ou : « La voila partie sur sa planète, ne la dérangeons pas... » La création d'un décalage, d'un désaccord avec le réel et le repli sur des rivages inaccessibles aux autres, procure beaucoup de satisfactions mentales, sensorielles et même érotiques parfois. Mais il y a aussi une forme plus dure de la *seulitude*, liée au vouloir se sentir seul, au désir de n'avoir besoin de personne ! Se sentir seul volontairement, farouchement, en résistant à toutes les sollicitations de l'extérieur, en refusant de se laisser entraîner, de craquer ou de sortir de son mutisme. Avec, en soi, un mélange de souffrance et de jouissance fait de la juxtaposition, tel un mille-feuille, de différents ressentis : incompréhension des autres, victimisation, héroïsme caché, amertume, ténacité à rester fermé, opaque, plaisir à la plainte silencieuse, enfermement dans un imaginaire baroque et fou pour continuer à se couper de la réalité du présent. Celui ou celle qui pratique la *seulitude* volontariste, qu'on pourrait aussi appeler *l'ensolitude*, a en général commencé très tôt cette façon d'être, qui demande un certain entraînement. Au début uniquement pour soi-même, semblable à une masturbation mentale à répétition, pour se prouver qu'on n'a pas besoin des autres, surtout pas. Qu'on est capable d'affronter tout seul une situation où l'on s'est installé, en prétextant parfois qu'on a été oublié, négligé voire rejeté dans le passé, « et donc qu'aujourd'hui c'est trop tard… ».

La jouissance est extrême de sentir que l'on est le seul à avoir raison contre tous et, surtout, à être le seul à le savoir !

La *seulitude* peut avoir plusieurs variantes à base de scénarios bien rodés autour du montrer-cacher, de dire sans dire, de voir sans regarder, d'entendre sans écouter, de soupirer sans respirer… « *Dès l'âge de sept ans, j'étais capable de foutre en l'air toute une fin de semaine. Je commençais avec ma mère, qui se plaignait à mon père, lequel lui reprochait de ne pas savoir s'y prendre, tout en se gardant bien de m'affronter en direct… Ah le plaisir exquis de les tenir tous les deux en laisse, par ma non-présence si visible !*

« *Ma spécialité, c'était le gros soupir, limite sanglot, qui déstabilisait d'un seul coup mon père, lequel se tournait vers sa femme cherchant un élément de compréhension, de solution. Celle-ci tombait à tous les coups dans le panneau, se tournait vers moi, alors je la regardais fixement et elle se décomposait, renvoyée à son statut de belle-mère sans enfant à elle et sentant que quoi qu'elle fasse, elle n'obtiendrait rien de moi, ni pour elle, ni pour son mari. »*

« Cela se passait souvent à table. Je murmurais quelque chose, une demande quelconque, et si mes parents ne répondaient pas immédiatement je fermais mes bras autour de ma poitrine, je regardais fixement bien au-delà de leur présence et je ne répondais plus à aucune de leurs interrogations, tentatives de compréhension ou invitations à me dire. J'étais inaccessible à toutes les manifestations de tendresse (de ma mère), de colère (de mon père), d'ironie (de mes frères et sœurs). Tel un bloc silencieux, je laissais se déverser sur moi les menaces, les tentatives de séduction et même les coups. Mâchoires serrées, j'encaissais tout. Au bout de deux ou trois jours, je refaisais surface, sans jamais commenter ce qui s'était passé. Mes parents redoutaient cette conduite et moi je l'entretenais, avec le sentiment que j'étais chaque fois gagnant, que j'étais le plus fort, qu'ils ne savaient pas s'y prendre avec moi… »

La *seulitude*, même si elle offre des bénéfices secondaires certains, est un ensemble de comportements qui dans la durée pollue beaucoup l'existence de celui qui s'y adonne.

Je suis un pessimiste
doublé d'un optimiste

Je suis un pessimiste à court terme et un optimiste à long terme. Je préférerais parfois que ce soit l'inverse, comme cela, je pourrais vivre le meilleur dès maintenant et laisser gérer la suite à mes descendants ! Au présent ou à court terme, je trouve que beaucoup de choses vont mal, vraiment mal. Même si je grappille, au cours des bons comme des mauvais jours, quelques petites satisfactions ou que je vive quelques rencontres et découvertes merveilleuses. Je trouve que la qualité de la vie se détériore, que les gens sont de plus en plus moroses (moi aussi parfois !), que le prix des livres augmente, qu'il y en a trop (en particulier ceux qui font concurrence aux miens !), que le soleil n'est plus celui de mon enfance, que la plupart des rivières sont mortes, polluées ou inaccessibles (propriétés privées tentaculaires), qu'il n'y a plus de gens fiables et que l'eau du robinet ne peut plus étancher ma soif. Et même quand ça va bien, ce n'est jamais pour longtemps (Internet et le TGV sont des outils formidables, mais quand ils sont en panne, c'est plus que la galère !). Je suis entouré par une nature magnifique qui bat de l'aile, asphyxiée par des pesticides et des pluies acides, et de plus en plus emprisonnée dans des monstruosités immobilières tentaculaires.

Bref, vous l'avez compris, quand je surfe sur ma vague de pessimisme je tiens la route longtemps avant de plonger, juste pour me rafraîchir les neurones, dans un mini-tourbillon d'optimisme ! Mais à ma décharge, je suis optimiste à long terme (très long terme, c'est cela qui m'inquiète aussi !). L'homme, depuis ses débuts *cromagnonesques*, a traversé beaucoup d'épreuves. Glaciations et réchauffement de la planète, il connaît. Guerre de sept, trente ou de cent ans, il connaît aussi. Épidémie de choléra ou de peste noire, déferlement du sida, il a souvent donné, il donne encore. Invasions, massacres, génocides, il sait. Crises et scandales financiers, bouleversements technologiques qui laissent sur le bord de la route des catégories professionnelles dépassées, il est au cœur même de toutes les tourmentes. Et il s'en est sorti, plus ou moins vivant, plus ou moins entier. D'où mon optimisme. Si les humains ont pu émerger d'autant de catastrophes, il est vraisemblable qu'ils vaincront les autres, s'adapteront, qu'ils continueront à croître, à confirmer leurs talents de prédateurs mais aussi de créateurs.

Mon optimisme irait encore plus loin, augmenterait dans toutes les directions, si on acceptait d'apprendre (de façon urgente) la communication relationnelle à l'école, comme une matière à part entière (oui, je sais, c'est une obsession récurrente, mais à laquelle je tiens et qui me permet de rester debout). Et pour tout dire, j'ose imaginer qu'il y aura un jour des Oasis relationnelles dans chaque quartier, dans chaque village, dans chaque usine, pour permettre à chacun de trouver un lieu de paroles, d'échanges, de partages et de confrontations ouvertes.

Au fond, je suis un pessimiste rêveur.

Être heureux au travail,
est-ce encore possible ?

Que ce soit comme salarié ou comme travailleur en profession libérale, beaucoup d'entre nous se demandent :

Mais pourquoi est-il si difficile d'être heureux au travail ?

Pourquoi y a-t-il dans les relations intimes comme dans le monde de l'entreprise autant de tensions, de malentendus, de violences cachées ou plus manifestes ?

Pourquoi les relations entre personnes qui vivent ou travaillent ensemble sont-elles si conflictuelles, si peu apaisées ?

Pourquoi tant de mal-être sans qu'il y ait nécessairement du mal-faire ?

Il y a bien sûr, dans la grande majorité des relations professionnelles, tous les ingrédients pour un épanouissement possible et une réalisation de soi-même acceptable. Beaucoup de satisfactions peuvent être engrangées dans l'exercice d'un métier ou d'une fonction.

Cependant, cela ne doit pas occulter certains problèmes inévitables, car des difficultés liées à la nature même du secteur professionnel dans lequel on travaille (suite aux fluctuations du marché, aux aléas de la productivité ou à des tensions spécifiques relatives au fonctionnement de certaines équipes) peuvent surgir de façon imprévisible.

Mais ce qui frappe le plus quelqu'un d'extérieur à une entreprise, c'est la répétition de certains malentendus, la persistance de conflits ouverts ou latents, la présence de malaises ou mal-être qui traversent et polluent le quotidien de l'un ou l'autre des services, les tensions qui se nouent et persistent à l'intérieur d'un ensemble d'humains rassemblés dans un même espace ou parfois même autour d'une seule personne.

Chacune de ces tensions, de ces difficultés, chacun de ces malaises sera plus ou moins facile à gérer ou à résoudre, mais tous ont un point commun : ils sont « énergétivores et toxiques », et demandent des réajustements permanents qui décentrent ou déstabilisent les personnes directement ou indirectement concernées.

Aujourd'hui, avec l'inquiétude latente, fantasmée ou réelle autour de l'avenir, à travers les manifestations directes ou indirectes de la crise financière, les violences environnementales, les comportements peu fiables, voire toxiques ou pervers de personnes en position de pouvoir ou même de collègues directs, tout cela génère beaucoup, beaucoup de souffrances dans le monde de l'entreprise.

Caractéristiques et spécificités
d'une relation professionnelle

Tout d'abord, il convient de mieux intérioriser que la grande majorité de nos relations profession-nelles ne sont pas choisies. À de rares exceptions près (comme dans les professions libérales, où la notion de collaboration existe, c'est-à-dire la possi-bilité d'une réciprocité dans les échanges et les par-tages), le salarié vit la plupart du temps des relations imposées, dans lesquelles il est plutôt un exécutant qu'un collaborateur.

Chacun devra donc se confronter à des attentes, à des demandes ou à des refus qui peuvent se situer à l'opposé de ses convictions ou croyances et blesser ainsi sa sensibilité, ses valeurs, heurter ses choix de vie, le mettre en conflit ou en danger par rapport à ses engagements.

Toute relation professionnelle se doit de faire coha-biter quatre registres de communication très interdé-pendants, qui peuvent se révéler parfois antagonistes.

Le registre fonctionnel concerne le *bien-faire*. Bien faire ce pour quoi nous avons été engagés, ce pour quoi nous sommes payés.

Ce registre, qui fonctionne très bien quand l'organisation est cohérente, se révèle insupportable à vivre quand il y a un décalage important entre les objectifs, les missions attribuées et les moyens retenus ou mis à disposition. Aujourd'hui, avec les réductions de personnel, avec les ponctions et déplacements de certains membres d'une équipe vers d'autres tâches ou services, ce décalage est source de malaise et de révolte, car vécu comme injuste et incohérent. S'est développé, depuis quelques décennies, le risque d'une *chosification* des personnes, qui se sentent de plus en plus utilisées comme des objets ou du matériel qu'on déplace et utilise au gré des circonstances et des problèmes.

Le registre hiérarchique, lui, concerne le *se sentir bien à l'intérieur d'un rapport de forces qui ne nous est pas toujours favorable*. Les relations hiérarchiques (que nous soyons en haut, au milieu ou en bas de l'échelle) renvoient toujours aux relations infantiles avec les personnes en autorité de notre histoire et sont susceptibles de réveiller des blessures archaïques, de remettre au jour des situations inachevées de notre vie.

Aujourd'hui, la plupart des cadres voient peser sur eux des pressions, des contraintes ou des menaces qu'ils répercutent (en les amplifiant parfois) sur ceux qui travaillent sous leurs ordres.

Le registre interpersonnel concerne le *se sentir bien avec les autres*, avec ses collègues immédiats et son entourage professionnel. Comme la tonalité générale est plutôt au pessimisme, ce que l'on partage le plus souvent ce sont les inquiétudes, les ennuis vécus, les insatisfactions, les critiques émises vers d'autres…

Le registre intrapersonnel concerne le *se sentir bien avec soi-même*. La plupart du temps, ce dernier registre est complètement nié dans les entreprises. On vous le dit clairement et parfois brutalement : Si tu as des problèmes, va te faire soigner ailleurs, nous, on est là pour bosser ensemble, pas pour câliner ton nombril ou régler tes problèmes avec ta maman ou ton papa ! Or il se trouve que ce registre irrigue en fait tous les autres, et que s'il est mal vécu il va *perturber* inévitablement l'ensemble de nos interventions et relations.

Il sera important de reconnaître également qu'il y a un problème de vases communicants entre le monde du travail et celui de la vie personnelle, conjugale ou familiale. S'il y a des dérapages, des tensions, des situations conflictuelles dans notre vie professionnelle, cela se répercutera sur la vie personnelle et vice versa !

On peut se demander comment faire disparaître ou atténuer ces éléments perturbateurs qui ont pour principale origine des dysfonctionnements dans la communication.

Un des chemins possibles serait, pour les générations à venir, à plus ou moins long terme, d'enseigner la communication relationnelle à l'école comme une matière à part entière !

En attendant cette révolution, il nous appartient de nous former par nous-mêmes, à l'aide de quelques balises que je proposerai un peu plus loin.

Mais auparavant, faisons le constat de ce qui ne va pas.

Des chiffres

Les enquêtes sont nombreuses, les sources plus confuses, les témoignages chaotiques, mais la réalité nous rejoint.

– Soit directement, même si nous ne savons pas toujours nommer le mal-être, la souffrance physique ou psychique qui nous étreint, sinon à travers une expression passe-partout « je suis crevé ». Et ceux qui sentent une écoute peuvent rajouter « Je dors tout le dimanche, et le lundi je suis quand même crevé, je suis vraiment plus crevé qu'à la fin de la semaine, je ne sais combien de temps je vais tenir. » Tenir ! Voilà encore un mot-clé, rester debout, ne pas se laisser emporter par le stress, balayer par l'angoisse, tenir pour son travail, pour soi, pour sa famille, pour les autres qui ne comprendraient pas.

– Soit indirectement, quand nous apprenons qu'un proche est en arrêt de travail ou a bénéficié d'un mi-temps thérapeutique, ou qu'un de nos amis a été hospitalisé pour une cure de sommeil.

La plupart des enquêtes disent qu'entre 42 et 46 %

des Français sont touchés par le stress[1]. Seulement touchés, effleurés, mais pour 18 % c'est une menace réelle qui taraude leur quotidien professionnel et familial et, pour 11 % d'entre eux, le début d'un enfer nourri par une grande détresse qui ne semble pas avoir d'autre issue que se bourrer de médicaments, pour survivre, seulement survivre.

Un des paradoxes les plus étonnants, c'est que le stress, dans un premier temps, semble ne pas coûter cher à l'entreprise, car les conséquences sont prises en charge par la Sécurité sociale. Mais dans un second temps il coûte, car il pèse sur le rendement, entraîne des erreurs, pollue l'entourage immédiat, suscite des tensions et des conflits dans différents secteurs de l'entreprise.

Patrick Légeron[2] affirme que le stress professionnel est directement lié aux contraintes qui pèsent sur le travailleur, que la pénibilité est devenue psychique, qu'il est déclenché et alimenté par des décalages trop importants entre les objectifs à atteindre et les moyens accordés, par les limites du temps alloué, vécu comme

---

1. Stress : ensemble des réponses défensives ou adaptées de notre organisme aux facteurs d'agression physiologiques et psychologiques, ainsi qu'aux émotions (agréables ou désagréables) qui nous entourent et qui vont peser sur nous plus ou moins durablement, dans une situation ou un environnement donné.

2. Patrick Légeron, psychiatre à l'hôpital Sainte-Anne (Paris), a conduit une enquête en 2006 qui donne le chiffre de 44 %. Il précise que les femmes (26 %) en sont les premières victimes. Que les quadras sont les plus touchés, avec un commentaire : « Si on étudie la courbe du stress en fonction des responsabilités dans l'entreprise, on se rend compte qu'elle va en augmentant mais chute dès qu'on atteint le niveau des cadres supérieurs », qui nous montre que les classes moyennes sont les plus vulnérables. (Patrick Légeron, *Le Stress au travail*. Odile Jacob.)

trop insuffisant, par la réactivité exigée toujours de plus en plus rapide et efficiente, par une plus grande complexité des tâches et l'absence de droit à l'erreur.

Le changement, si valorisé dans l'entreprise, s'impose comme deuxième cause de stress à partir d'un déficit de communication, de concertation et d'anticipation qui donne au travailleur le sentiment aigu d'une perte de contrôle et d'autonomie sur son travail, sur les actions qu'il ne conduit plus mais qu'il exécute, souvent dans l'urgence.

P. Légeron rappelle dans son étude que 18 % des Français présentent un niveau de stress dangereux pour leur santé. Un stress qui évolue non seulement vers des troubles de l'anxiété et des états dépressifs, mais aussi vers des pathologies physiques (dorsalgies, troubles cardio-vasculaires, hypertension artérielle, troubles gastriques…).

Voilà donc le tableau peu réjouissant qui nous est annoncé. Le propos essentiel de ce manuel de survie sera de proposer différents moyens pour, d'une part, anticiper les manifestations du stress et, d'autre part, trouver des réponses possibles pour y faire face quand il s'installe.

Des signes

Les signes qui traduisent les souffrances accumulées, la charge de la détresse, les dysfonctionnements professionnels qui sont les conséquences du stress sont multiples. Quelques-uns sont subtils, masqués, épisodiques, aléatoires mais récurrents.

« Je suis arrivée en retard à une réunion importante, j'ai voulu expliquer ce qui m'avait retenue et soudain j'ai été incapable de me souvenir de ce que j'avais fait à peine une heure avant. Un trou, je ne voyais rien, une sorte de vide m'entourait, j'étais là, mais je ne savais pas comment j'étais arrivée là. Je me suis mise à pleurer comme une enfant perdue, j'avais envie d'appeler ma maman. Ils étaient tous effarés, n'osant intervenir, car j'étais considérée comme une femme pas facile, qui sait ce qu'elle veut. J'ai soudain ouvert mon agenda et là j'ai vu, noté, l'endroit où j'avais été. Je redevenais quelqu'un. Cela aurait dû m'avertir, car quelques mois plus tard j'ai plongé. Impossible de me lever le matin, de simplement sortir de mon lit, j'avais le sentiment que j'allais déclencher

une catastrophe si je sortais de mon lit, que le monde allait exploser. Je n'arrêtais pas de pleurer... »

« Je savais que c'était ma station de métro, que je devais descendre là pour aller au travail, comme tous les jours depuis douze ans. Mais je n'ai pu me lever. Quelque chose, je ne sais quoi, me retenait. Le métro est reparti, je suis allé jusqu'au terminus, j'ai repris la ligne et je suis enfin descendu à ma station. Je n'ai jamais osé parler de cet incident à aucun de mes collègues, j'avais peur d'être vu comme un fou, un déséquilibré. Fou je ne l'étais pas, déséquilibré oui, mais il a fallu encore beaucoup de mois pour que je puisse le reconnaître et accepter un arrêt de travail de deux mois. Depuis je me sens fragile. »

« Je suis comptable dans cette boîte depuis six ans. Je vis mal d'être confiné dans un poste de subalterne. Mes diplômes auraient dû me permettre d'avoir un poste de responsabilité, comme le chef de service qui est au-dessus de moi et qui n'a pas ma qualification professionnelle. Un matin, j'ai ouvert mon ordinateur et je ne reconnaissais pas les chiffres qui figuraient sur les états en cours. Je ne savais plus ce qu'ils voulaient dire, quelle valeur ils avaient. Je suis allé aux toilettes et j'ai vomi mon angoisse. J'ai fait le tour du service, prétextant différents renseignements à obtenir, avant de pouvoir retrouver mes repères. Depuis, j'ouvre mon ordinateur avec un pincement au cœur... »

« Cela a commencé par des nausées. Comme quand j'étais enceinte. On m'avait confié un nouveau projet, j'aurais dû m'en réjouir, mais chaque fois que l'on me donnait des informations ou que l'on me posait des questions dessus, ma respiration s'arrêtait, je

devenais nauséeuse, patraque. Je devais m'appuyer
sur quelque chose ou m'asseoir. Mon angoisse la plus
terrible était que quelqu'un s'aperçoive de mon état.
Quelques semaines plus tard, je n'arrivais pas à cli-
quer sur le dossier de ce projet qui était dans mon
ordinateur. »

D'autres sont plus manifestes, plus permanents,
plus violents. D'autres encore apparaissent de façon plus
spectaculaire et plus angoissant quand ils font la une
des journaux. La plupart indiquent des atteintes dans
le fonctionnement des corps et des esprits, dans le
dérèglement du quotidien, dans les difficultés à assumer l'exercice professionnel. Certains témoignent que
c'est la vie qui est en danger, quand l'état dépressif
conduit au suicide, à cette décision terrible de mettre
fin son existence quand elle est devenue trop insupportable à vivre.

« Je ne sais pas comment sont arrivées mes pensées
suicidaires. Je jouais dans un spectacle, pour lequel
j'avais beaucoup travaillé. Et le soir de la générale,
j'ai oublié que c'était ce soir-là. Je pensais rester à
la maison quand brusquement j'ai décidé d'aller au
cinéma. Personne n'a pu me joindre. Par la suite,
chaque fois que j'entrais en scène, j'imaginais que
j'allais faire un esclandre, insulter la salle et le direc-
teur du théâtre. C'est moi qui ai demandé à être hos-
pitalisé un dimanche après midi. »

Beaucoup de ces signes ne sont pas toujours entendus par l'entourage proche. Ils s'accumulent, s'auto-
alimentent. Les médecins du travail, qui sont en première
ligne, colmatent, tentent d'atténuer, de soutenir par des
congés « maladie » qui ne font le plus souvent que

repousser une échéance impitoyable, car ils ne peuvent traiter que le symptôme, ne peuvent toucher aux causes, lesquelles échappent à leur contrôle ou à leur action.

Ils font, pour la plupart, selon les branches professionnelles et les secteurs, le constat de marqueurs inquiétants, comme :
– une fatigabilité qui ne se répare pas, des manifestations d'irritabilité disproportionnées par rapport à l'élément déclencheur, des points de cristallisation sur lesquels se focalise une angoisse envahissante, irrationnelle.
– un mal-être quasi généralisé ;
– l'augmentation de l'absentéisme ;
– la fréquence des passages à l'acte somatiques qui se traduisent par des douleurs diverses dont des troubles musculo-squelettiques, un des maux professionnels très actuels, ou encore des affections à la gorge, à l'estomac, à la tête, des troubles du sommeil, des maladies de peau, des malaises respiratoires, des accidents, des états dépressifs, mais aussi des oublis, des erreurs, des incidents et des accidents au travail ;
– l'irruption brutale de burn-out (syndrome d'épuisement soudain) ;
– la consommation excessive d'antidépresseurs ou l'abus d'anxiolytiques ;
– des répercussions sensibles dans la vie des couples et des familles : disputes, agressivité, troubles de la sexualité, fuite dans l'alcool ou le tabagisme.

Ce qui frappe un entourage un peu plus averti, c'est l'état de tension, l'irritabilité, l'extrême sensibilité aux déceptions et aux frustrations, les colères explosives ou, au contraire, des silences tonitruants, un mutisme qui implose de l'intérieur. Des signes qui disent, qui crient que ça ne va pas du tout pour beaucoup d'hommes et de femmes, que l'insupportable est souvent atteint, qu'être dans la survie, ce n'est pas vivre, c'est seulement survivre !

Mutations et changements
dans l'univers du travail

Nous passons notre vie à nous adapter à l'imprévisible, au surgissement de l'inattendu et donc à tenter de faire face au stress qui en découle, mais quand nous sommes confrontés à la répétition, à l'envahissement de notre quotidien par des situations qui nous déstabilisent, qui nous laissent démunis, remplis de doutes et sans porte de sortie, sans qu'un changement n'apparaisse dans le déroulement de notre temps de travail, alors nos seules ressources ne suffisent plus, nous vivons dans une sorte d'apnée énergétique, qui nous épuise et nous rend encore plus vulnérable pour le futur immédiat.

Le travail a toujours fait violence à ceux qui le subissaient. Violence au corps, très tôt parfois dans la vie d'un enfant. Il faut se rappeler qu'au XIXe siècle une loi « protégeait » les enfants de moins de huit ans, en interdisant de les faire travailler plus de douze heures par jour ! Le travail taraudait le sommeil, laissait des traces puissantes, y compris dans les rêves.

Christian Bobin raconte qu'à plus de quatre-vingts ans son père s'était levé au milieu de la nuit, paniqué, persuadé d'avoir oublié de rejoindre son poste à l'usine. « Une détresse sans appel creusait ses yeux. Cette nuit-là, nous dit Bobin, j'ai haï la société et ses horaires qui crucifient les âmes nomades. » Cela me rappelle qu'à plus de cinquante ans je rêvais que j'étais toujours en classe de CM2, affolé, angoissé de ne pas pouvoir répondre à des questions dont j'étais le seul à ignorer la réponse. Réponse que tous mes camarades de classe connaissaient, qu'ils me soufflaient et que, malgré tous mes efforts, je n'arrivais pas à entendre, car c'était à moi seul de la connaître et, surtout, de m'en souvenir !

Il y a toujours eu de la souffrance dans le monde du travail, souffrance physique ou nerveuse qui se dissolvait autrefois plus ou moins bien, mais néanmoins avec une certaine efficacité grâce à différents ressentis : celui du devoir accompli, du travail bien fait, du témoignage valorisant de notre entourage, et aussi par la perspective des fêtes à venir. En effet, la succession et la répétition des fêtes (familiales, villageoises et religieuses), qui scandaient le déroulement des mois et des saisons, constituaient des respirations, des bouffées d'oxygène, des ancrages forts, car elles étaient porteuses d'une espérance de plaisirs et, surtout, de plaisirs à partager et donc à amplifier avec les proches. Les rituels religieux, les fêtes votives (à une certaine époque, quasiment un jour sur trois) constituaient de véritables bouffées d'oxygène, donnaient au travailleur un sentiment d'appartenance : « Ce que je fais s'inscrit dans le grand cycle de la vie, je suis entouré, j'ai un vécu à partager ».

Boris Cyrulnik[1] affirme même que « *la souffrance se réparait dans le plaisir »,* à la fois dans son anticipation et dans sa réalisation, dans la joie aussi d'être ensemble, et ceci sur plusieurs registres : famille, copains, quartier, village. Il y avait une culture du quotidien qui donnait à l'effort, à la fatigue et même à l'épuisement un sens et surtout apportait une énergie réparatrice.

Aujourd'hui, il y a beaucoup plus d'anonymat, moins de convivialité et donc plus de solitude, même si elle est masquée par une fuite dans le consumérisme ou une hémorragie vers des univers virtuels (téléréalité, Internet). On a amélioré considérablement les moyens de la communication, mais pas ceux de la relation. Chacun affronte à sa façon une plus grande solitude, souvent doublée d'incompréhension. « Je ne me sens pas entendu, je suis rarement reconnu et j'ai le plus souvent l'impression d'être incompris, alors je m'arrange dans ma tête, mais c'est pas toujours drôle ! »

Dans certaines entreprises, ce qu'on appelle « la nouvelle gestion », avec la mise en place d'évaluations individuelles des performances, le management par objectifs va nuire au collectif de travail, casse la solidarité entre les travailleurs, crée un isolement (que C. Desjours appelle « désolation » pour accentuer le côté néfaste et plus intense que le terme d'isolement ou solitude).

Cette nouvelle gestion met au premier plan des priorités ou des valeurs comme la concurrence entre les travailleurs, voire la concurrence déloyale, incite à la rétention d'informations, favorise le mensonge,

---

1. Émission *Controverses du progrès* du 14. 12. 2009 sur France Culture.

déstructure la loyauté, sabote les stratégies collectives de défense.

La fuite dans l'hyperconsommation n'arrange rien, le désir est devenu très volatile, rarement comblé et sans cesse remobilisé par des tentations nouvelles. Cette culture du désir, entretenue par la société de consommation, fait trop souvent oublier que ce sont les besoins qui devraient être satisfaits, et en particulier les besoins relationnels. Tels les besoins de se dire, d'être entendu, reconnu, valorisé, d'intimité, de créer et de rêver qui sont trop fréquemment maltraités.

C'est William James qui racontait cette métaphore, reprise et popularisée par Charles Péguy. Passant devant un chantier sur lequel travaillaient plusieurs tailleurs de pierre, il demanda à l'un : « Que faites-vous ? », et l'homme répondit d'une voix lasse, sans lever le regard vers lui : « Je taille des pierres à longueur de journée. » Plus loin, il demanda à un autre homme, occupé à la même tâche : « Et vous, que faites-vous ? » L'homme le regarda et lui répondit d'une voix enjouée : « Moi je gagne ma vie et celle de ma famille ! » Un peu plus loin encore, il en interrogea un troisième, qu'il voyait taillant les mêmes pierres : « Pourriez-vous me dire ce que vous faites ? » L'homme lui répondit, le regard illuminé, un grand sourire aux lèvres : « Mais je bâtis une cathédrale ! »

Quand le travail réalisé prend du sens pour celui qui l'exécute, la souffrance liée à ce travail se métabolise et transcende la fatigabilité, la douleur ou la fatigue éprouvée. Comme pour le sportif qui souffre, qui se prive durement en s'entraînant, mais qui en escompte un bénéfice à la fois pour tenter de se dépasser dans les épreuves à venir et pour sa propre image.

On en a la confirmation dans le décalage du vécu professionnel qui affecte des infirmières ayant la même qualification. Ainsi, pour celles qui travaillent dans un service de malades chroniques, qui se battent pour maintenir en vie des personnes qui vont mourir dans les prochains jours ou semaines, l'épuisement est fréquent, suivi de dépressions. Alors que pour celles qui travaillent dans un service d'urgence ou de soins intensifs, l'épuisement est tout aussi fréquent, mais il ne s'accompagne pas de dépression. Les unes travaillent en sachant que, d'une certaine façon, leur combat est perdu d'avance, les autres travaillent avec le sentiment dynamisant qu'elles se battent pour redonner la vie à leurs patients.

Quand le travail a un sens, même s'il y a de la souffrance, il apporte des satisfactions et même du plaisir. Et ce plaisir-là est très régénérateur et vaut tous les remontants du monde.

Autrefois, il y avait aussi le plaisir de la transmission. Un ouvrier, un artisan, un employé pouvait transmettre à un plus jeune son savoir et son expérience. Aujourd'hui, la fonction a remplacé le métier. Il n'y a rien à retransmettre car les connaissances changent très vite, les savoir-faire se modifient sans cesse, les résultats à atteindre et les urgences auxquelles il faut répondre prennent le pas sur le travail bien fait !

Il ne s'agit pas d'être passéiste et de considérer le passé comme idyllique, mais de retenir de ce passé ce qui en constituait la noblesse, les valeurs et la saveur.

Autrefois, l'outil était au service de l'homme, il était aimé et respecté, on pouvait même le transmettre. Aujourd'hui, tout se passe comme si l'homme était au service de l'outil, qui devient prioritaire dans les valeurs d'une entreprise. Il y a une soumission à la machine, que ce soit à la presse qui emboutit des portières de voitures ou à l'ordinateur. Cette dépendance à l'outil dévalorise la personne, lui donne le sentiment de ne pas peser très lourd dans les choix et les décisions qui sont prises par des entités anonymes, avec lesquelles il n'y a aucune possibilité de contact direct.

Dans la pratique du libre service, on se passe de l'humain. Ce qui nous entraîne, quand nous appelons au téléphone, à nous laisser guider par une voix artificielle qui nous dicte ce que nous devons faire pour avoir un renseignement, pour obtenir une information, sans toujours pouvoir l'obtenir. Il nous arrive parfois de hurler notre impatience, de vouloir convaincre une machine que ce n'est pas ce que nous demandons, que nous voulons pouvoir parler à quelqu'un de vivant capable de nous entendre et de nous répondre ! Même une partie de notre temps libre est « récupérée » par le circuit économique. Ainsi par exemple en diminuant le nombre des employés dans un bureau de poste, dans une pharmacie, dans une grande surface, nous passons plus de temps dans une queue ou une file d'attente. Tout se passe comme si notre temps, dit libre, servait à augmenter les profits de certaines entreprises du fait de la diminution de la masse salariale. Et cela pèse sur notre capacité à nous détendre, à nous re-énergétiser, à reconstituer notre force de travail intacte pour le lendemain. Ce temps dit libre, qui est censé être à la disposition de nos activités de loisirs, est de plus en plus aliéné par la consommation de loisirs qui nous rendent passifs et donc dépendants. Des enquêtes ont montré qu'un enfant qui passe quatre heures par jour devant un écran (télévision ou ordinateur) cultive sa passivité, et que les risques de développer une dépression sont multipliés par quatre !

Aujourd'hui, le travail est malade. Il est atteint, contaminé par un virus redoutable (pour lequel nous n'avons encore trouvé aucun antidote), un virus féroce, sans pitié, qui s'appelle : la recherche du profit. Un profit obtenu par tous les moyens, exigé par des entités anonymes comme, par exemple, les dirigeants impitoyables des fonds de pension ou les membres de conseils d'administration, sans aucune valeur morale et surtout sans âme. Le monde du travail est aussi entouré d'ennemis puissants qui s'appellent délocalisation, concurrence des pays émergents qui pratiquent (pour l'instant) des bas salaires avec une couverture sociale quasi inexistante ou minimale. Avec comme conséquence, pour les travailleurs de notre pays, la recherche de performance à tout prix, qui fait que la France est considérée comme un des pays au monde où l'heure travaillée est la plus productive, la plus performante. Cette recherche de productivité suscite aussi des formes d'aliénation de plus en plus aveugles. Car les gestes, les comportements, les attitudes au travail sont de moins en moins valorisés, sont subis. Autrefois le travailleur souffrait dans son corps, avec une souffrance physique réelle due à la pénibilité du travail. Cette souffrance est remplacée aujourd'hui par une souffrance psychique et morale. Il souffre dans sa tête, il est insatisfait de lui, de l'image qu'il donne, blessé de ne pouvoir toujours répondre aux attentes et meurtri par l'idée que l'on se fait (qu'il imagine que l'on se fait) de lui. Cette vision souvent négative de lui-même (même quand elle est niée par l'intéressé) est le terreau fertile du stress. La souffrance est devenue subjective : Je souffre de ce que vous pensez de moi (réellement ou pas), mais je sens que ce que vous pensez est négatif et je n'ai aucun moyen de modifier votre regard ou votre point de vue !

Cette métamorphose de la souffrance n'a pas été suffisamment conscientisée. Elle est nourrie par un sentiment diffus d'injustice, d'être l'objet d'un préjudice, d'un enfermement dans une solitude indicible.

Il y a aussi la perte d'une identité professionnelle : la fonction a remplacé le métier, la disparition du sentiment d'appartenance par le développement d'une insécurité diffuse. La vie d'une entreprise s'est fragilisée et sa pérennité dans le temps est moins fiable, plus hasardeuse.

Autant de phénomènes qui génèrent des ressentis négatifs et morbides, lesquels seront pris en charge par des mécanismes de défense débouchant sur des comportements régressifs. Ces mécanismes s'appuient en effet sur des régressions (fuite vers des univers virtuels, vers des addictions) et sur des transferts et des déplacements de comportements (violence dans le couple, sur les enfants, dans les stades, dans les transports publics…).

L'idée nouvelle aujourd'hui, c'est que le management, l'encadrement, est coupé du cœur du métier. Ceux qui donnent les ordres, qui prescrivent le travail, sont sortis d'écoles de management, de commerce, et ne connaissent pas le métier qu'ils encadrent. Aujourd'hui, la relation hiérarchique repose plus sur l'exigence de résultats que sur la compétence. L'autorité est liée au statut et a perdu de sa force en perdant son lien à la compétence qui s'appuyait autrefois sur un savoir-faire et un savoir-être.

Ce qui est nouveau aussi, c'est la perte de contact direct avec un patron présent, responsable, engagé, et son remplacement par une entité opaque et anonyme, injoignable et intouchable. L'autorité se manifeste et s'exprime au travers de directives impératives qui fixent des objectifs de rendement. Il y a trop souvent, pour le salarié de base, à la fois une perte de confiance et une mésestime de lui-même. La dévitalisation des relations entraîne l'équivalent d'une « perte de soi » appelée dépression. Le prix du travail ne peut se ramener à un salaire, il comporte aussi une dimension symbolique essentielle, l'attente intime que les gestes, l'engagement, la présence du travailleur et le résultat obtenu soient reconnus. On souffre aujourd'hui plus dans sa tête et dans la relation que dans son corps.

Nous proposons un travail de conscientisation qui consistera à mieux repérer les nombreuses sources (événements perturbants, pressions relationnelles, manipulations) susceptibles de déclencher du stress dans notre vie professionnelle. Elles sont rarement tarissables, mais elles peuvent être tenues à distance, parfois maîtrisables ou, à défaut, contournables.

Sur quelles bases, sur quels fondements, sur quel terreau se construit le stress

**La plupart des stress sont à relier
à des situations qui vont provoquer
un conflit intrapersonnel chez celui ou celle
qui n'a pas de maîtrise sur ces situations.**

Un conflit intrapersonnel est celui que est vécu à l'intérieur de nous-même chaque fois que s'opposent en nous des attentes qui relèvent de l'évidence, qu'elles soient explicites ou implicites, et des réponses inadaptées ou insuffisantes. Il y a conflit interne chaque fois que s'affrontent des désirs contradictoires, chaque fois que nous sommes confrontés à des décalages entre ce que nous avons produit, exécuté, réalisé et la façon dont ce résultat sera évalué, minoré, rejeté ou dévalorisé.

L'existence d'une différence trop importante entre les objectifs fixés et les moyens proposés donne à la personne le sentiment que les insuffisances dans le résultat obtenu relèvent de sa propre responsabilité. Cela peut l'inciter à prendre sur elle de travailler encore plus, de développer plus d'efficacité pour donner des preuves de réussite ou de son savoir-faire, mais avec, dans le long terme, la sensation diffuse de se faire exploiter avec son propre consentement. Quand ce décalage est raisonnable, il peut stimuler la créativité d'un travailleur et réveiller en lui un surcroît d'énergie pour atteindre ou dépasser ce qu'il peut vivre comme un challenge. Mais quand le décalage est trop fort, c'est l'inverse qui se produit, et qui provoque un sentiment d'impuissance et d'échec ou réveille une culpabilisation qui va envahir son espace mental et relationnel.

« Je m'en étais sorti avec les honneurs. Les résultats du trimestre ont été atteints alors que nous étions persuadés, mon équipe et moi, qu'on n'y arriverait jamais. Je croyais pouvoir souffler un peu à la rentrée, mais j'apprends par une note de service que mon équipe sera ramenée de 5 à 4, avec des objectifs inchangés. Bordel, ils se foutent de nous ! Mais qu'est-ce qu'ils croient ? Qu'on est des machines, qu'il suffit de presser sur un bouton ? Il va falloir recommencer à jongler avec les heures supplémentaires non payées, avec les reproches à la maison, avec les enfants qui ne comprennent pas que le soir j'ai besoin de calme... »

Il a y aussi, chez certains, le poids d'une culpabilité qui leur laisse croire « qu'ils doivent tout accepter, puisqu'ils ont la chance d'avoir encore du travail, alors que tant d'autres sont au chômage depuis des années... » Culpabilité qui les réduit au silence, qui les oblige à mettre en veilleuse leurs demandes, leurs plaintes, leurs insatisfactions, qui si elles étaient exprimées les feraient paraître ingrats, trop égoïstes ! L'impact de tout ce refoulement est très préjudiciable à l'équilibre intime de ces personnes, car il provoque des tensions qui s'accumulent et vont peser chaque jour davantage.

Par l'absence d'un pouvoir décisionnel adapté et cohérent.

Comme salarié, nous avons de multiples tâches à effectuer dans une journée d'activité. Ce ne sont pas les intentions d'agir qui vont nous manquer.

Mais si nous avons peu de possibilités de prendre des initiatives ou de décider de la manière et de l'ordre pour réaliser un projet donné, si nous sommes enfermés dans un rôle d'exécutant réduit au silence, alors nous pouvons ressentir un mal-être nourri de frustrations, de ressentiments ou de colères rentrées. Il y a aussi un décalage entre l'intention, les objectifs imposés et les moyens mis à disposition pour la mise en œuvre d'une tâche. Ceci est souvent le fait d'une méconnaissance de la réalité sur le terrain par un pouvoir décisionnel trop personnel, qui obéit à des critères de rentabilité ou d'efficacité plus que subjectifs. Décisions qui se prennent, et cela est perçu par les subalternes comme désastreux, sur un mode réactionnel, défensif ou même fantasmé, sans lien avec la réalité des personnes chargées de les exécuter. Décisions qui sont anticipées, par celui qui les prend, comme salvatrices du service, voire de l'entreprise. Autant de facteurs qui vont alimenter assez vite le terrain pour le développement du stress.

« Ce lundi, à mon arrivée au bureau, j'ai été informé de façon impérative, par le directeur technique, que je devais, sauf avis contraire, consacrer un tiers de

mon temps à assurer le contrôle et la validation du matériel retourné par des clients suite à des bugs à répétition – sous peine de perdre leur clientèle et de déclencher une hémorragie vers un concurrent ! Pour un autre tiers, je devais assurer la maintenance de certains serveurs qui manifestaient des défaillances, suite à des surcharges incompréhensibles mais répétitives ! Pour le dernier tiers de mon temps, je devais assurer "à tout prix" la sécurité du cœur du système informatique qui avait fait l'objet de plusieurs tentatives d'intrusion et de sabotage dans les deux derniers mois. Cette décision de morceler mon temps contredisait totalement une décision prise la semaine précédente, avec le P-DG et le directeur technique, qui me demandaient de consacrer tout mon temps, toutes mes ressources et celle des quatre ingénieurs de mon équipe à veiller "à la sécurisation de la totalité de nouveaux produits, de façon à fidéliser la clientèle et à développer de nouveaux marchés, et ainsi s'assurer une part prépondérante sur le secteur". Je pète les plombs. J'ai envie de tout lâcher. Je me sens démobilisé pour ces nouvelles tâches. Je perds une énergie folle à essayer de comprendre l'incompréhensible de ces nouvelles décisions qui non seulement annulent, mais rendent caduque la décision prise quelques jours avant. Et personne avec qui pouvoir discuter, s'ajuster, se repérer... »

**Par la multiplication des consignes,
les changements de poste sans information
préalable ou sans préparation.**

Au travail, des modifications intempestives dans nos missions ou dans nos objectifs en cours de réalisation, et surtout les changements imposés sur un mode imprévisible, vont affecter notre poste ou notre fonction. Cela peut entraîner l'équivalent de courts-circuits dans nos conduites et comportements, et par là même générer des états confusionnels, le plus souvent fugaces, de brèves ruptures avec le réel, des troubles de l'attention, et déclencher de grandes souffrances. Car le travailleur qui est au centre de ce chaos reste conscient à la fois de sa propre incohérence et de son impuissance à réduire l'impact de son propre travail sur la tâche à accomplir. Cette infirmière l'exprime clairement en disant, ce jour un peu avant midi :

« Moi je ne sais plus où j'en suis. Quand je suis arrivée ce matin à 7 h 30 pour prendre mon service et organiser avec l'infirmière de nuit le suivi de certains malades, l'infirmière-cadre m'a demandé d'aller dépanner le service du bas, dans lequel deux infirmières manquaient. J'ai débarqué dans un service inconnu, sans aucune consigne, sans être accueillie sinon par : "Tu fais bien d'être là, il y a la chambre 18 qui n'arrête pas de sonner, si tu peux t'occuper de cette chieuse ce serait déjà ça !" La "chieuse" était surtout une femme angoissée, car elle était isolée, à jeun depuis la veille et ne savait pas si on allait l'opérer ce matin ou cet après-midi. Je suis allée ainsi d'une chambre à l'autre, sans assurer aucun soin, seu-

lement parler, écouter, apaiser, donner du temps, de ma présence, tout en pensant en permanence à ce qui se passait dans mon service, avec le sentiment douloureux de n'avoir pas fait mon travail ! »

Par la perte du respect de nos croyances ou de nos valeurs personnelles.

Des décalages douloureux peuvent apparaître parfois entre l'échelle de nos valeurs et de nos croyances et les obligations ou impératifs dans lesquels nous sommes engagés ou coincés.

Un désarroi, une souffrance peuvent naître quand nous sentons que nous n'avons aucune possibilité de nous exprimer ou quand notre avis est vécu comme dérisoire.

« Quand j'ai tenté de dire à ma chef que ça me gênait de proposer de nouveaux emprunts d'un taux élevé à des personnes au RMI, déjà tellement endettées, elle m'a répondu : "Si tu savais tout, vu la situation, tes états d'âme, on n'en a rien à faire !" »

Par une atteinte à l'image de soi au travail.

Chacun, au cours de ses activités professionnelles, se construit une image de soi qui lui donne une consistance, le valorise et lui permet de faire face à la tâche qu'il doit exécuter, avec le sentiment que son travail sera bien réceptionné, prolongé, amplifié par d'autres. L'abandon brutal de cette image est parfois rendu nécessaire par de nouvelles conditions économiques.

« D'un seul coup ce matin-là, je suis passé de la

comptabilité à l'accueil du public. "Vous serez à l'accueil tous les matins de cette semaine", m'a dit, sans plus d'explications, l'inspectrice principale, qui fait office de chef de centre, en remplacement de la titulaire qui est en congé de maternité prolongé... Un public pas facile, qui arrive avec plein de questions sur les rappels, sur le renvoi de documents qu'il croyait avoir déjà remplis deux fois... Moi j'ai envie de les envoyer balader, ils n'ont qu'à suivre les instructions, merde à la fin, c'est écrit sur chaque papier qu'ils reçoivent. Nous manquons sans arrêt de personnel dans cette Trésorerie. L'après-midi de ce jour, quand j'ai repris mon poste, j'ai passé trois heures pour retrouver un écart de trois euros dans ma balance des entrées. Et l'équipe de dépannage qui nous a été envoyée par la direction régionale s'en va le soir même sans fermer les portes ni mettre la sécurité. C'est un jeune type du commissariat qui m'a avertie à dix heures du soir qu'il y avait un problème ! Je me sens comme un pion, un pion mal utilisé en plus. Je voudrais que ça pète un bon coup, qu'il y ait le feu ou un hold-up qui fasse tout sauter. J'ai encore dix ans à tirer, je ne suis pas fière de moi d'avoir choisi ce boulot de fonctionnaire à la noix ! »

La succession d'imprévisibles qui peuvent être vécus comme des gags ou comme des coups du sort injustes est, de toute façon, stressante. D'autant plus que l'image du poste occupé jusqu'alors pouvait être positive, alors que le nouveau poste ou la nouvelle fonction est perçu comme dérisoire, négatif, voire même inutile !

« Moi, j'étais un excellent technicien. J'ai fait mes preuves, et bien souvent j'ai aidé mes collègues quand ils

avaient des difficultés. Alors, comment voulez-vous que je supporte, après toutes ces années, qu'on me demande de basculer du côté des commerciaux ! Eux, ils n'y connaissent rien, leur objectif c'est de vendre du vent. Et moi, je ne peux me résoudre à vendre du vent, des mensonges, un matériel qu'on leur présente comme le dernier cri, alors qu'il faut liquider le stock parce qu'un nouveau modèle plus performant arrive dans nos réserves... »

Il y a aussi, de plus en plus fréquemment, le sentiment d'être utilisé comme un objet.

Dans une entreprise ou une institution éducative ou hospitalière, quand une personne est malade ou absente de façon imprévisible, cela fait plus que désorganiser le planning, c'est à l'image de soi que l'on porte atteinte. C'est souvent un collègue qui est appelé à remplacer « au pied levé » l'absent : au mieux sans consultation préalable, au pire contre son gré.

« Normalement je suis affectée au service des chambres avec, comme travail principal, de changer les draps, de nettoyer la salle d'eau et de passer l'aspirateur, bref de veiller à ce que la chambre soit correcte pour le client du jour. On m'a envoyée au sous-sol, à la buanderie, avec des montagnes de linge à mettre dans des machines, puis à repasser et à ranger, prêt à servir nouveau. Le lendemain, la gouvernante, suite aux plaintes de plusieurs clients, m'engueulait. Elle avait oublié qu'elle m'avait déplacée au sous-sol ! Aucun remerciement pour avoir dépanné, dépassé mon horaire de 45 minutes et manqué mon fils à la sortie de l'école ! Rien. Pour eux c'est rien, c'est normal ! On a osé dire à ma copine qui

vient faire des remplacements au noir : "Encore heureux qu'on vous paye !" Ils ne doutent de rien, à cause du chômage, ils nous tiennent : "Si t'es pas contente, tu vas ailleurs, tu verras si c'est mieux. Dehors, il y en a au moins 50 qui attendent ta place, alors nous fait pas chier avec des remarques à la con !" »

Cette utilisation d'une personne déplacée, utilisée comme un objet, est vécue non seulement comme très désagréable, mais aussi déstructurante. Avec le sentiment douloureux de ne plus être vu comme une personne. D'être perçu comme un objet que l'on déplace au gré de craintes, d'urgences, de menaces ou d'anticipations catastrophiques qui sont très rapidement constatées comme erronées par celui qui doit, quand même, en assumer les conséquences. Ce phénomène de *chosification* semble de plus en plus fréquent dans beaucoup d'entreprises qui se sont engagées à la fois dans des extensions et dans des compressions de personnel, sans avoir toujours su anticiper les conséquences à gérer, prévoir les surcharges et les *colmatages* à réaliser. On fonctionne au coup par coup, dans une sorte d'agitation anxiogène, pour compenser les manques et tenir les engagements pris envers les clients.

Ainsi l'on peut devenir déplaçable, sinon corvéable au gré des décisions d'une hiérarchie de proximité qui invoque le plus souvent les ordres d'un supérieur invisible, l'urgence, la crédibilité ou la survie même du service.

« On se sentait utilisés et devenir ainsi des pions. Quand le chef décidait que c'était plus important ou plus urgent, on valsait de notre place, on modifiait notre emploi du temps, on se retrouvait dans des situations absurdes ! À croire que cela lui plaisait. »

À travers l'angoisse
mal gérée de la hiérarchie.

Un responsable qui est en permanence angoissé, dont l'instabilité émotionnelle surgit chaque fois qu'il y a un incident ou l'irruption d'un contretemps, devient générateur de stress pour ses subordonnés immédiats, sur lesquels il dépose l'essentiel de son angoisse. Subordonnés qui vont à leur tour la diffuser (parfois en l'amplifiant) sur chacun des membres de leur équipe. Que ce soient des pressions, des menaces ou des violences verbales reçues en amont, ils vont les répartir intégralement, parfois même en ajoutant quelques commentaires anxiogènes de leur cru, sur leurs collaborateurs les plus proches. Va ainsi se développer une pollution génératrice de stress, incroyablement énergétivore, qui peut paralyser non seulement la vie normale d'un service ou d'une entreprise, mais aussi étouffer la créativité, ralentir le dynamisme, sécréter des doutes et de l'insécurité autour du devenir de l'entreprise.

« Chaque lundi, au retour de la réunion des DR (directeurs et responsables), notre chef en revenait si stressé que l'on en bavait toute la journée. Son agitation, ses interventions à contretemps nous parasitaient. On se retrouvait complètement angoissés, sans savoir pourquoi... »

Quand l'avenir est présenté ou vécu
comme instable ou menaçant.

Chacun d'entre nous, qu'il soit salarié ou en profession libérale, a besoin de garder l'espoir en l'avènement d'une vie meilleure. Et surtout en la pérennité voire l'éternité de son poste... Tout au moins l'espère-t-on comme susceptible d'être stable, jusqu'à la retraite. Avec la crise financière, l'incertitude des marchés, les interrogations sur la reprise, chacun de nous perçoit bien que son devenir professionnel est incertain, voire sans avenir. La notion même de travail, dans la vision que nous pouvons en avoir les uns et les autres, devient alors terriblement inquiétante et menaçante. Chaque jour qui passe peut être vu comme une victoire sur « sa disparition annoncée ». Pour certains, comme une agonie tant de fois promise et qui n'arrive pas...

« Depuis plusieurs mois, des bruits différents et divergents couraient. La boîte "allait être rachetée par des Américains", ce qui voulait dire qu'il y aurait des dégraissages chez les cadres. Ceux-ci se montraient nerveux, injustes parfois, avec des réactions arbitraires, ce qui entretenait un climat de tensions et de violences larvées. Un peu plus tard, c'était sûr, "il y aurait une fusion avec une marque concurrente" qui était surtout intéressée par la clientèle mais pas par la production, ce qui pouvait signifier qu'on allait fermer l'usine et dispatcher le personnel avec un plan social bidon. Tout récemment, un journal a publié un article annonçant la décision de la direction de fermer purement et simplement, avec une relocalisation de l'entreprise en Chine. Au café les copains, à la maison nos femmes nous poussaient à l'occupation de l'usine : "Faut pas vous laisser faire, cette boîte, c'est vous qui l'avez créée, elle est à vous !" Moi, je sentais le sol se dérober sous mes pieds chaque fois que j'allais au travail. Je me sentais largué, je n'arrivais plus à faire l'amour, même le dimanche... »

Par l'ignorance de l'impact concret, du devenir de notre travail.

De tout temps, le fait de pouvoir se rendre compte du travail accompli, de le mesurer réellement, voire de le toucher, fut très gratifiant. Quand survient la souffrance suite à des incohérences, des incertitudes, quand surgit le désarroi face à l'isolement, l'incompréhension, le silence, la violence vécue devient insupportable.

« Les derniers mois, je ne pouvais même pas me raccrocher à une tâche concrète, dont j'aurais pu voir l'impact, enregistrer le suivi, sentir même a minima l'intérêt pour mes collègues. Mais non, j'avais la sensation d'être devenue un zombie. Mon travail était broyé, il disparaissait sans laisser de traces, comme si on voulait me décourager, me pousser à démissionner. Je créais du vide et j'étais entourée par des regards fuyants, des paroles en conserves, vides de sens : "Mais qu'est-ce que tu vas chercher là, tu vas voir, ça va s'arranger, c'est une mauvaise passe..." Aucun soutien autour de moi, aucun repère, un vide malsain, chargé de non-dits. Je devenais paranoïaque et cela n'arrangeait rien. J'ai perdu aux prud'hommes et même en appel. J'ai plongé durant dix-huit mois dans une sorte de dépression qui faisait l'ascenseur en moi. Un jour bien, l'autre jour au fond du trou, un autre jour en errance à l'intérieur de moi, me cherchant... Près de deux ans de ma vie foutus en l'air, à cause, je l'ai compris après, d'un pervers. Un pervers normal qui s'était fait les dents sur moi, pour monter un peu plus haut dans la micro-hiérarchie de la boîte ! »

Et c'est encore pire si la personne n'effectue que des tâches abstraites, car elles sont difficilement évaluables au niveau de la durée nécessaire pour les accomplir.

« J'étais ingénieur dans un bureau d'études organisé en open space. *Certains des collègues, s'apercevant que je surfais sur Internet, faisaient souvent des allusions désobligeantes sur ceux qui ont le temps de consulter la Toile ; pas comme eux qui n'ont même pas assez de temps pour faire leur travail... À la fin, j'ai craqué. J'en venais à envier notre femme de ménage. »*

Le fait de pouvoir se raccrocher à la visualisation de ce que l'on produit est salutaire, car preuve explicite d'une certaine efficacité. En revanche, dans des métiers plus intellectuels ou de recherche, les phases de réflexion, d'élaboration, de tâtonnements sont mal prises en compte et considérées comme des pertes de temps ou d'efficacité.

Comme conséquence de la compétition interne.

Certains cadres rivalisent avec leurs collègues d'autres services et se livrent ainsi à des luttes intestines féroces, dont vont faire les frais certains de leurs subalternes ou collègues directs. Ils n'hésiteront pas à sacrifier l'un ou l'autre des membres de leur équipe pour s'assurer plus de pouvoir, pour tenter d'exercer plus d'influence sur certaines décisions.

« J'ai été littéralement mise dans un placard, sans aucune tâche précise à exécuter, sans mission, sans consigne de qui que ce soit. Encore aujourd'hui je ne sais qui a pris cette décision. Cela a duré six mois,

puis j'ai été réintégrée, comme si rien ne s'était passé.
Chaque fois que je posais des questions, j'ai senti que
je devenais chiante pour mon nouveau supérieur. Alors
j'ai tout avalé. C'est le cas de le dire, car quelques
mois plus tard je faisais un ulcère. »

À partir du dévoilement d'une hiérarchie implicite dans les tâches et dans les différents services d'une même institution.

Chacun peut construire une image de soi positive à partir de la fierté d'appartenir au « meilleur des services » de l'entreprise. Certains services sont perçus par l'ensemble du personnel comme plus efficaces ou plus performants, et si « je suis » dans celui qui est considéré comme tel, alors je me sens très gratifié ! En plus de gagner en estime de soi, on gagne en énergie, en dynamisme, grâce à cette valorisation implicite. Et la fatigue sera moindre.

Jusqu'au jour où un nouveau classement implicite des services au sein de l'entreprise vient anéantir cette perception.

Ce n'est donc pas l'exigence d'attention, de vigilance ou de précision liée à notre activité qui est épuisante, mais l'absence de confiance et de valorisation.

« J'étais fière d'avoir pu intégrer, juste après mon DE,
le service de chirurgie du CHU ! Pas comme ma collègue
qui n'avait été prise qu'en gériatrie. J'aime mieux cela
pour elle que pour moi. Les petits vieux, c'est pas ma
tasse de thé. Puis, avec la réduction de personnel, j'ai
été mutée en alcoologie. Là, du jour au lendemain, ma
vie professionnelle s'est effondrée. J'avais l'impression

que toute ma formation d'infirmière ne servait à rien. On aurait pu prendre des femmes de service pour faire ce que je faisais... »

« Je travaille dans une entreprise informatique, comme développeur de programmes. En ce moment, il n'y en a que pour les gars de la sécurité. Ils sont payés à prix d'or pour protéger les données. Et tout le monde trouve que l'on est trop lent. »

« J'étais chercheuse dans un service R et D (recherche et développement). Les filles du marketing nous traitaient comme des besogneuses. Elles répétaient tous les midis au self que sans elles il n'y aurait personne pour sauver la boîte ! Ce type de commentaires me donnait l'impression que j'étais vraiment nulle et inutile. Un matin, j'ai envoyé ma lettre de démission. Je me suis piégée moi-même. Et depuis, je n'ai pas retrouvé de travail. »

Il n'y pas la même satisfaction, donc la même motivation, à travailler pour un client important que pour un client lambda.

« Au départ, je travaillais pour Porsche, à monter des tableaux de bord en bois de rose. Les pièces étaient lourdes, mais je ne fatiguais presque pas. Après, j'ai été muté dans le secteur des pièces pour Skoda. On était méprisé par les chefs. J'ai attrapé une tendinite de l'épaule. C'était considéré comme une maladie professionnelle. »

« C'était à moi que l'on avait confié le portefeuille des contrats d'assurance pour les formules 1. Puis un jour, on me les a retirés au profit d'un nouveau sorti d'une école de commerce, présenté comme "un bat-

tant". Je n'avais plus que les contrats de véhicules de plus de 5 ans ou de ceux qui avaient un retard de règlement. Je me demandais ce que j'avais bien pu faire pour mériter ça ! »

« Quand je travaillais à l'Express de la gare de Lyon, le jour où j'ai vu s'installer Mme de Fontenay à une table et me commander un café, j'ai été heureuse pour la journée entière ! Sa présence me valorisait et tous mes collègues serveurs avec moi, nous qui étions les minus du bas, par rapport à ceux du haut, qui travaillaient en chemise blanche et nœud papillon au premier ! »

Par la confrontation à l'instabilité émotionnelle des supérieurs ou des collègues directs.

Quand devant le moindre incident, la moindre déception ou frustration par rapport à une action qui ne s'est pas déroulée comme prévue, ou devant un obstacle qui retarde la réalisation d'un projet, d'une commande, nous sommes confrontés à des réactions émotionnelles disproportionnées de la part de supérieurs ou de collègues directs. Lesquels peuvent prendre à témoin tout l'entourage et laisser croire que c'est l'existence même de l'entreprise, du service, qui est menacée, à cause de nous. De ce que nous avons fait, pas fait, dit ou pas dit, qui sont les principales mises en cause dans ce genre de situation. De même quand les compétences d'un supérieur ne sont pas mises à mon service pour résoudre la difficulté ou dépasser le problème rencontré, mais se retournent contre moi, dans le sens où il m'infantilise, me disqualifie ou me rejette.

Par l'émergence de l'incompétence
d'un supérieur.

Surtout quand un responsable ou un manager utilise cette incompétence pour nous dévaloriser, disqualifier nos projets ou notre travail ou s'en approprier les mérites.

« Je ne vois pas ce que votre proposition apporte de plus à la façon de fonctionner que j'ai mise en place il y a maintenant plus de dix ans ! Le changement, c'est bien beau, mais il faut ensuite que chacun s'adapte et apprenne à bien fonctionner ensemble, et ce n'est pas toujours le cas ici. Vous-même, d'ailleurs, vous savez bien que vous êtes toujours à la traîne... »

Par la confrontation avec des traits
affirmés de caractère ou des traits
marquants de personnalité.

Il est fréquent d'entendre, dans les moments de pause, des commentaires sur le caractère de l'un ou l'autre de ses collègues ou supérieurs.

« Oh celui-là il ne faut pas trop le pousser, il démarre vite, c'est un colérique. » « Avec elle, tu peux tout te permettre ou presque, elle pardonne à tout le monde, elle a un cœur en or ! » « Avec lui, il vaut mieux se méfier, il n'oublie jamais rien, si tu lui as fait une crasse, tu peux être certain que dans dix ans il s'en souviendra encore. » « Je serais toi, je n'irais pas faire de confidence celle-là, car tu peux être certain que tout le service dès le lendemain sera au courant. Elle ne peut pas retenir sa langue, ce n'est pas

méchant, mais il faut qu'elle fasse l'intéressante avec
les malheurs des autres ! »

Ainsi chacun aura à s'adapter, à faire preuve d'une certaine vigilance pour ne pas entretenir ou collaborer, pour ne pas alimenter des situations qui pourront se retourner contre lui, suivant à qui il parle, qui il fréquente, à qui il se confie.

Ce qui veut dire aussi que les traits de caractère ou les traits marquants de la personnalité peuvent stimuler des positions réactionnelles et susciter des décisions qui ne seront pas prises en fonction de l'intérêt de l'entreprise, mais en lien direct avec l'une ou l'autre des composantes que nous venons d'énoncer.

Tenir compte des composantes « psychopathologiques » en présence.

Le travail est aussi le lieu du réveil des blessures psychologiques et un espace privilégié pour la manifestation des « pathologies » banales. Nos « pathologies » de base sont sans cesse réactivées soit par les circonstances soit encore par les « pathologies » de nos collègues ou celles qui nous paraissent encore plus insupportables, celles de nos supérieurs. Il y a pourtant une sorte de tabou, dans le monde du travail, comme dans la vie intime, à les évoquer, à simplement en parler. On préfère mentionner des traits de caractère ou de personnalité un peu forcés, un peu gênants parfois.

Ces composantes « pathologiques », je mets pour l'instant le mot entre guillemets, sont présentes chez chacun d'entre nous et ne font pas l'objet de remarques désobligeantes ou de réactions négatives. Elles sont la plupart du temps acceptées sans trop de difficultés, on les évoque avec humour et un peu de dérision, sans que cela porte à conséquence. Là où cela se complique, c'est quand elles sont réactivées par certaines situations de tension ou de crise : elles peuvent alors envahir l'espace d'une relation et provoquer quelques émois et paniques.

Oser reconnaître nos propres composantes « pathologiques ».

Je veux encore préciser ici qu'il s'agit de composantes banales, qui coexistent chez chacun d'entre nous. Parmi ces composantes, nous avons une dominante qui, à certains moments, peut prendre beaucoup de place et s'imposer dans une relation, la rendant plus délicate ou plus difficile à vivre. Et, disons-le tout de suite, il y a beaucoup de résistances et d'aveuglement en nous pour oser reconnaître et accepter ces composantes, mais surtout pour repérer quelle est notre dominante, celle qui va guider la plupart de nos comportements quand nous sommes dans le réactionnel.

Nous voyons ces composantes avec beaucoup d'acuité, surtout… chez les autres. Cela est un signe qui devrait nous alerter. Nous avons chacun, au plus profond de nous, une grande intolérance à supporter la « pathologie de base » d'autrui, surtout quand elle ressemble fort à la nôtre. Ce qu'il faut savoir aussi, c'est que plus nous montons dans l'échelle sociale ou dans la hiérarchie de l'entreprise, plus ces composantes s'accélèrent, augmentent, prennent même parfois des proportions incontrôlables. Ce qui entraîne le paradoxe suivant, que j'appelle le principe de Président[1]. Au début d'une carrière professionnelle, nous mettons en général notre « pathologie de base » au service de l'entreprise qui nous emploie, mais quand nous sommes en haut de la hiérarchie, le processus s'inverse, nous mettons l'entreprise au service de notre pathologie de base, qui devient alors envahissante, tyrannique et souvent menaçante pour tout l'entourage. Au point d'entraîner des dysfonctionnements importants dans le management, et même de conduire certaines entreprises à la faillite. Mais entre-temps, une grande partie du personnel et surtout les collaborateurs directs auront fait les frais de contraintes et de violences relationnelles qui se traduiront par du harcèlement moral, qui se dévoileront à travers une succession de dépressions, de burn-out ou même de suicides.

J'ai donc repéré 12 composantes et traits de personnalité[2], parmi les plus fréquentes, qui s'inscrivent dans un continuum allant du normal au pathologique (et vice versa). Les descriptions sont très schématiques, mais elles devraient permettre à ceux qui voudraient faire un travail de reconnaissance de découvrir leur propre dominante.

Composante narcissique caractérisée par :
- Une illusion de la toute-puissance infantile, qui laisse croire que tout l'univers tourne autour de leur personne, que tous leurs désirs vont être comblés.

---

1. En référence à différents hommes politiques ou grands industriels connus, qui ont illustré ce principe sitôt qu'ils ont atteint les plus hautes charges.

2. J'ai repris et amélioré le chapitre sur le même thème figurant dans : *Le Courage d'être soi*, paru en 1999 aux Éditions du Relié.

- Une image de soi hypersensible, un ego exacerbé, réactif aux jugements et aux opinions qui pourraient être négatifs.
- Une incapacité à se décentrer et à tenir compte d'autrui, en ramenant tout à soi.
- Une grande difficulté et même une incapacité à tenir compte de l'opinion ou du point de vue d'autrui.
- Un sens grandiose de sa propre importance. Une attente quasi permanente d'être reconnu et valorisé, alternant avec des phases de découragement.
- Un idéal de soi qui n'admet ni tâtonnement ni erreur.
- Sentiment de honte devant un échec, plutôt que de la culpabilité.
- Besoin d'être reconnu comme un être de pouvoir, l'autre est un faire-valoir.

Composante dépressive caractérisée par :
- Des doutes, des critiques, des dévalorisations que l'on s'adresse mentalement et durablement.
- Sentiment d'inutilité sous-tendu par un sentiment d'infériorité.
- Un négativisme quasi permanent quels que soient les événements.
- Des énergies basses liées aux ruminations des échecs.
- Apathie face aux contraintes même banales du quotidien.
- Une absence de désirs et un refus d'élaborer des projets.
- Autoculpabilisation quasi permanente pour ce qui est arrivé, pourrait arriver, aurait pu arriver.

Composante liée à l'instabilité des humeurs :
- Variabilité imprévisible des émotions souvent outrancières, explosives.

- Comportements irrationnels et inattendus.
- Alternance de phases de découragement ou de déprime et d'excitation ou de jubilation excessive sans aucun rapport avec un fait objectif.
- Autorépression et douleur morale à fleur de peau, poignante.
- Mise en place des bases d'une pathologie maniaco-dépressive.

Composante obsessionnelle :
- Goût immodéré pour la méticulosité.
- Attitudes de contrôle, de ritualisation.
- Fixations rigides sur les détails.
- Compulsivité plus ou moins incontrôlable pour imposer des rangements et des vérifications.
- Organisation paperassière sans fantaisie, recherche de perfectionnisme.
- Difficulté à vivre l'instant présent et l'avenir immédiat, dans ce qu'il peut avoir d'imprévisible, de hasardeux, d'incertain.
- Excès de doutes, envahissement de l'esprit par des peurs irrationnelles, angoisses paralysantes.
- Recours défensif au mental à base de ruminations paralysantes, d'intellectualisation et de rationalisation (trouver une explication rationnelle à tout).

Composante hystéroïde :
- Dramatisation théâtrale et gestuelle exagérée.
- Manifestations importantes du corps et expressions corporelles excessives.
- Décalage exagéré des réponses par rapport à l'élément déclencheur.
- Réactivité émotionnelle peu authentique, disproportionnée.

- Faible tolérance aux non-gratifications, aux paroles, aux événements qui ne correspondent pas aux attentes, avec une expression des frustrations (crise de nerfs, bris d'objets, scène de ménage) qui laisseraient croire qu'une catastrophe vient d'anéantir leur vie.
- Érotisation de la relation, avec des échanges colorés d'attitudes de séduction/opposition.
- Refoulement des pulsions.

Composante phobique :
- Évitement et fuite devant les situations angoissantes.
- Peurs persistantes devant des objets, des situations ou des événements qui seraient perçus comme banals ou sans danger par d'autres.
- Recherche fréquente de réassurance.
- Inhibitions incontrôlables, blocages relationnels ou appréhensions invalidantes.
- Difficulté à se déplacer seul ou seule.
- Crises de panique, agoraphobie, claustrophobie…

Composante parasitaire :
- Besoin de dépendre de quelqu'un en demandant toujours plus (bouche ouverte et main tendue pour recevoir, exiger).
- La rencontre commence par une demande.
- Modalités manipulatrices ingénieuses pour obtenir des avantages.
- Se fixe (adhésivité excessive) sur un alter ego qu'il va dévorer ou épuiser en le saturant de demandes.

Composante sadisante :
- Plaisir à faire du mal ou à avoir mal.
- Besoin de dominer, d'asservir.
- Manifestations de cruauté gratuite.

Composante masochiste (parfois liée à la précédente) :
- Jouissance à se disqualifier.
- Déni des réussites possibles et sabotage des projets.
- Recherche de la souffrance comme source du plaisir.
- Attitudes sacrificielles au service des exigences d'autrui, même les plus injustifiées.
- Grande facilité à comprendre, à excuser, à justifier ceux qui ont été durs, dénués de scrupules vis-à-vis d'eux-mêmes ou d'autrui.

Composante perverse :
- Se nourrit du plaisir à faire mal ou faire souffrir autrui.
- Réduction de l'autre à un objet, goût de la provocation, du scandale.
- Besoin de se faire valoir au détriment d'autrui.
- Relation abusive d'emprise et d'aliénation psychique ou corporelle.
- Attitudes séductrices et captatrices pour attirer à soi, pour embrigader, assujettir, exploiter l'autre.
- Emploi fréquent du *on* et du *nous* incluant l'autre et le dépossédant de sa propre position relationnelle ou de ses aspirations propres.
- Soumission apparente associée à des transgressions.
- Dire le faux pour savoir le vrai.

Composante paranoïde :
- Attitudes de doute, de méfiance généralisée, de distanciation.
- Sentiment d'être menacé ou persécuté, ce qui justifie d'être persécutant à son tour.
- Beaucoup de situations, la plupart des rencontres vont être « décodées » comme porteuses de rejet ou d'exclusion.

- La moindre réticence ou critique est vécue comme l'expression d'un non-amour, d'un déni de sa propre personnalité.
- Attitudes fréquentes de persécution justifiées par ce qui peut être ressenti comme une accusation dès la moindre remarque ou mise en cause.
- Lutte permanente contre toute marque d'intérêt vécue comme une intrusion, contre toute dépendance relationnelle et affective.

Composante orientée vers l'agir et le passage à l'acte réactionnel :
- Faible capacité de mentalisation, les choses sont prises au premier degré.
- Difficulté à symboliser.
- Fuite et repli dans le faire, jamais inoccupé.
- Se donne des tâches à faire toujours urgentissimes (hyperactivité).
- Passages à l'acte violents « dans le faire », semblables à des pulsions incontrôlables.

Composante organisée vers la fuite :
- Coupure et perte du contact avec le réel.
- Retrait, repliement sur soi, bouderie.
- Activités écrans qui servent de paravent pour se dérober aux échanges et aux partages possibles.
- Refus de s'exprimer et silence défensif durable.
- Étrangeté et excentricité.
- Fond d'angoisse et de détresse archaïque.

Nous pouvons donc concevoir que lorsqu'une situation professionnelle est vécue comme difficile ou menaçante, injuste ou incompréhensible, elle peut réactiver une composante « pathologique » et même risquer de la faire fonctionner au maximum. Ce qui va peser lourdement, si on a un poste de responsabilité, à la fois sur les collaborateurs directs, en aggravant leur stress, et orienter (pas toujours favorablement) les décisions à prendre.

L'implication du caractère ou de la personnalité dans les différentes fonctions, tâches, contraintes qui irriguent une entreprise va être à l'origine de beaucoup de prises de position réactionnelles. Certaines décisions ne seront pas prises en fonction de l'intérêt de l'entreprise, mais en lien direct avec l'une ou l'autre des composantes pathologiques décrites ci-dessus. Composantes souvent niées et cachées ou alimentées et amplifiées par la rumination du souvenir de la situation où elles se sont manifestées pour la première fois, dans le vécu de celui chez qui elles se manifestent.

Le paradoxe de ces composantes pathologiques, c'est qu'elles sont en quelque sorte une protection, une défense pour celui qui les vit et qui les met en jeu, mais l'équivalent d'une véritable agression relationnelle pour celui sur qui elles vont s'imposer.

L'exercice d'un métier dangereux ou sans danger.

Il n'est pas banal de constater que celui qui exerce un métier reconnu comme très dangereux (technicien sur plate-forme de forage, pilote de chasse) n'est pas aussi stressé que celui qui occupe un poste évalué sans risque ou sans intérêt. Chaque incident est un défi et chaque solution apportée une preuve de compétence. Cette gratification, souvent reconnue dans le regard des autres, est le meilleur des antistress.

« Il y a plus de vingt ans, j'avais travaillé sur des forages en Algérie. Je revenais épuisé tous les trois mois à la maison, mais je pouvais raconter aux copains mon travail comme une épopée, on était des pionniers. Quelques années plus tard, j'ai été engagé a la sécurité d'une grosse boîte. J'avais honte de moi, l'impression d'être un flic, de trahir mes origines. Heureusement que mon père était mort, jamais je n'aurais pu lui dire que je faisais ce boulot ! Son regard m'aurait fait rentrer sous terre. Je crois que mon cancer a commencé à cette époque. »

C'est dans l'adversité, dans les situations atypiques ou de crise que l'on reconnaît les meilleurs managers. Ils ont alors la capacité de se dépasser pour faire face à l'imprévisible, et d'affronter l'imprévu de façon positive.

« Quand tout marche bien, je m'ennuie, je déprime. Il me faut des difficultés, quelque chose à combattre. Je me demande parfois si je ne m'arrange pas pour créer des problèmes, déclencher des conflits, pour me sentir mieux. Je redoute le jour où ma retraite sera là. Je ne sais pas comment je vais tenir le coup ! »

L'existence ou l'absence de gratifications et le réveil du sentiment d'injustice.

Le travail devrait être un temps et un espace privilégiés pour recevoir des gratifications ou des récompenses : remise de la médaille du travail à partir de vingt, trente ans ou plus de bons et loyaux services, médailles ou diplômes du meilleur commercial, du meilleur technicien, du meilleur manager, etc. Elles n'ont pas de valeur marchande mais une valeur symbolique très importante. De telles cérémonies sont passées de mode, dans l'objectif de réduire les pertes de temps ou le fait de ne plus croire en leur impact ou leur efficacité. Elles étaient cependant l'occasion de nourrir l'estime de soi. La non-gratification est associée à une non-reconnaissance, et parfois aussi à une non-valeur professionnelle. Cela réveille le plus souvent une de nos blessures archaïques les plus sensibles : le sentiment d'injustice.

« J'ai découvert que tout le personnel, à l'exception de deux personnes, dont moi, avait eu une prime de résultat. Quand j'ai tenté d'en parler, le directeur m'a répondu que mon salaire était déjà au-dessus de la grille de mon indice. J'ai pourtant contribué, et largement, aux résultats positifs de cette année. C'est même moi qui avais suggéré, en début d'année, de modifier les étiquettes des bouteilles, ce qui a été un succès d'après le témoignage de trois de nos plus gros clients. Je cherche à comprendre... »

Cette interrogation, que beaucoup se posent face à ce qu'ils considèrent comme une injustice, est incroyablement énergétivore. Elle taraude celui qui la porte dans sa tête, qui n'arrive pas à s'en défaire, qui la tourne et la retourne dans tous les sens, sans jamais être satisfait des réponses qu'il trouve.

« Je voudrais comprendre pourquoi il a fait ça, je voudrais comprendre pourquoi il m'a dit cela, je voudrais comprendre pourquoi il pense que je suis comme ça, je voudrais comprendre pourquoi on m'a laissé en dehors... »

La suspicion et l'absence
de protection collective.

À certains moments de la vie d'une entreprise se développent des suspicions qui tournent parfois à la paranoïa. Dans une atmosphère délétère, chacun est entraîné à se méfier de chacun, sans pouvoir préciser ou analyser sur quoi porte la méfiance.

En général, c'est celui qui n'a rien à se reprocher qui vit le plus mal la suspicion collective. Ainsi en est-il de certaines mesures de contrôle.

« Un jour, ils ont installé une caméra dans l'entrée, avec une pointeuse pour enregistrer les entrées et les sorties. Je ne pouvais pas supporter l'idée que l'on pouvait penser que j'étais un tire-au-flanc ou encore qu'on puisse imaginer que j'étais le dernier arrivé et le premier sorti. J'en étais malade. Et chaque matin, j'arrivais largement en avance pour surtout ne pas être en retard... »

Pour travailler heureux, chacun compte sur l'apport d'une protection du groupe, sous-tendue par des valeurs de solidarité et d'entraide. La présence syndicale était perçue comme protectrice pour des générations antérieures de travailleurs. Chez les plus jeunes, elle n'est plus vécue comme un recours important et possible.

À travers les exemples cités dans le chapitre qui précède, nous voyons combien il peut sembler naïf de vouloir échapper à l'une ou l'autre cause, circonstance, événement qui va déclencher du stress. Il me paraît plus important de savoir comment y faire face, sans se laisser emporter dans ce qui peut être l'équivalent d'un raz-de-marée ou d'un tsunami interne.

Ceux qui liront les chapitres qui suivent comprendront aisément qu'il faut parfois commencer avec un peu d'humour et beaucoup d'humilité pour aborder quelques changements indispensables et envisager les mutations de comportements les plus nécessaires.

Quelques conseils pratiques
et faciles à mémoriser pour rendre
la communication difficile
(pour soi et pour l'autre)
dans le monde du travail !

Je sais par expérience que ces quelques conseils seront inutiles ou caducs pour tous ceux qui ont déjà acquis une grande expérience du sabotage relationnel, que ce soit dans leur vie intime ou dans le monde du travail. Aussi je m'adresse aux débutants, à ceux qui voudraient s'exercer et paraître plus compétents dans l'art de rendre plus difficiles les relations dans une entreprise ou une institution.

En fait, mon vœu secret serait que chacun puisse ainsi mieux percevoir les pièges et les malentendus les plus fréquents dans toute tentative d'échange et accepte de ne plus y collaborer et, surtout, refuse de les entretenir.

Ainsi par exemple on peut :
– Commencer l'échange par une question ou un

reproche qui vise à mettre l'autre en difficulté ou à le rendre coupable de ne pas avoir fait, d'avoir dit, pas dit ou d'avoir trop ou pas assez, etc.

« J'espère que tu n'as pas oublié le dossier que je t'avais demandé de terminer ? »

« Quand tu as terminé de polycopier ton dossier hier matin, tu n'avais peut-être pas vu qu'il n'y avait plus de papier dans le bac, ni dans la réserve ! Cela ne t'a pas gêné, pour les copains qui auraient un dossier urgent à polycopier... »

« Tu ne semblais pas très intéressé par ce qui se disait à la dernière réunion ! Ce qui fait que bien sûr tu n'étais pas au courant pour la réunion de ce matin ! »

« Cela ne semble pas trop te déranger de partir un quart d'heure avant tout le monde et de nous laisser ainsi le gros du travail sur le dos ! »

– Parler à l'autre en utilisant le « on », en restant dans les généralités et, de préférence, dans les généralisations vastes, confuses et floues dans lesquelles votre interlocuteur ne peut se reconnaître, mais auxquelles il sera assimilé malgré lui et commencera ainsi à douter.

« On est plusieurs à se demander où est passé le stock de classeurs achetés il y a un mois. Quelqu'un doit les revendre, ce n'est pas possible ! »

« Dans cette boîte, quand on veut une voiture de service, on ne sait jamais qui l'a prise avant et dans quel état on va la trouver ! »

« Tu ne crois pas qu'on devrait quand même faire quelque chose pour ces rumeurs qui courent dans le service ? »

« Tu sais bien quand même que ce n'est pas à toi que je pense en disant cela... »

Ou encore :

« *Tout le monde s'en fout dans cette boîte. Ça n'in-téresse vraiment personne de savoir que ce mois-ci nous avons perdu deux clients à cause de dossiers égarés, et on ne sait même pas par qui. Tout le monde se défile, personne ne se sent responsable de rien !* »

– Utiliser le *tu* (non pas le *tu* d'intimité, mais le *tu* d'injonction qui prend parfois la forme du *vous*). C'est-à-dire s'arranger pour toujours parler sur l'autre ou de l'autre et jamais, au grand jamais, de soi… À notre interlocuteur du moment.

« *Alors tu es content, tu as vu le résultat ! Tu aurais pu réfléchir un peu plus avant et sentir que ça ne marcherait pas ton affaire !* »

« *Bien sûr, si on t'écoutait, avec toi, il n'y aurait jamais de problème. Tu as réponse à tout.* »

– Ne pas hésiter à dévaloriser quelqu'un, à le mettre en doute en vous appuyant sur un autre.

« *Quand même, tu es bien d'accord avec moi, le nouveau comptable est archi-incompétent, je ne sais pas ce que tu en penses, mais à mon avis tu devrais en parler au patron…* »

– Parler tout de suite du problème, le grossir, le dramatiser de préférence, et mettre en évidence ce qui aurait pu arriver si…

Se garder de parler de soi en disant simplement son ressenti par rapport à une situation donnée.

« *Je ne sais pas si vous êtes conscient de ce qui aurait pu arriver quand vous avez oublié de fermer les fenêtres. On aurait pu nous voler tout le fichier informatique !* »

« *Je vous avais pourtant prévenu, il faut toujours garder un double, sinon ça nous fout dans la merde, la preuve…* »

– Couper l'échange avec l'autre, dès qu'il dit quelque chose qui ne nous convient pas, sur lequel nous avons un point de vue différent.

« Vous n'y pensez pas, vous savez bien que ce n'est pas réaliste. »

« Ce que vous dites n'a rien de nouveau. Il y a des petits malins qui ont déjà essayé avant vous et ils se sont cassé la figure et même le reste ! »

– Ramener toutes les interrogations nouvelles à du déjà connu.

« Oui, on a essayé il y a quelques années. Tu n'étais pas encore là. Ça n'a rien donné, ce n'est pas la peine de perdre du temps à recommencer... »

« Quand on ne connaît pas comment marche réellement ce service, on veut tout changer et puis on déchante vite. Depuis que je suis là, on a tout essayé et on retombe toujours dans les mêmes problèmes. C'est le système qui veut ça. Alors il vaut mieux s'écraser et se tenir peinard. C'est comme ça qu'on dure ! »

– S'arranger pour créer sans arrêt de l'opposition et veiller à l'amplifier à partir d'un tiers qui n'est pas présent bien sûr !

« Ah non, je ne suis pas d'accord avec votre point de vue... Vous exagérez toujours... Et d'ailleurs je ne suis pas le seul à le penser, j'en ai parlé avec X qui est aussi de mon avis. »

« Je vais encore vous contredire, et après vous allez pouvoir raconter partout que je ne suis jamais d'accord avec vous. Mais cette fois encore, vous constaterez que j'ai raison. Votre projet est totalement irréaliste ! »

– Prêter des intentions négatives aux autres, surtout celle de vous nuire, d'être contre vous, de faire « exprès », de ne pas vous comprendre. La victimisation en cette période d'assistanat se porte très bien !

« Je suis sûr qu'il m'en veut. Depuis la dernière réunion où je l'ai contré, il n'est plus le même avec moi, il doit avoir quelque chose derrière la tête. De toute façon, il ne m'a jamais apprécié ! »

« Je ne sais pas ce que je lui ai fait, mais on peut être sûr que devant notre responsable il va démolir mon projet. »

– Essayer à tout prix d'avoir raison, de convaincre, de démontrer, de justifier le bien-fondé d'avoir fait ou pas fait. Ce n'est pas vous qui avez tort, c'est l'autre, les autres…

« C'est quand même lui qui a tort. Il ne veut jamais le reconnaître ! Moi j'ai fait ma part, alors je n'ai rien à me reprocher. »

« Ça fait vingt ans que je dirige cet atelier ! Ce n'est pas un type qui est là depuis six mois qui va m'apprendre comment faire fonctionner cette chaîne ! J'en ai rien à foutre de ses remarques et de ses propositions. Il peut essayer de séduire le patron, mais pas moi, je ne marche pas ! »

– Porter des jugements de valeur sur l'autre : sur ce qu'il dit, ce qu'il fait, ce qu'il pense, sur sa façon d'être, de se comporter.

« Ce n'est pas un travail pour lui, il est trop instable. Je l'ai tout de suite vu. On devrait le changer de poste… »

« Ces jeunes diplômés, ils croient tout savoir, mais dès que les problèmes arrivent il n'y a plus personne. Je ne sais pas si tu vois à qui je pense ? »

– S'abriter derrière son statut, ses diplômes, sa fonction, son ancienneté ou mettre en avant sa compétence.

« Quand on est dans la boîte comme moi depuis 25 ans, on sait à quoi s'en tenir sur les projets des derniers arrivés ! Ça ne dure pas longtemps... »

– Douter des propositions de l'autre, les critiquer, les contester et surtout ne jamais affirmer les siennes...

« Vous avez tort de penser qu'il faut changer cette personne de poste, vous n'y arriverez jamais comme ça, c'est couru d'avance... »

Si ces moyens se révèlent insuffisants, trop mous, trop lents, vous pouvez à ce moment-là utiliser une arme anticommunication tout terrain, d'un usage simple et qui se résume en une seule phrase :

« De toute façon, il n'est pas possible de discuter avec toi, tu ne comprends jamais rien. Je me demande pourquoi je perds mon temps avec toi... »

Et si cela ne suffit pas, il est toujours possible d'ajouter :

« Si tu veux avoir raison, je suis d'accord avec toi, tu as raison. Voilà, j'espère que tu es content et qu'on va enfin pouvoir discuter de choses sérieuses. Parce que jusqu'à maintenant on a parlé pour rien ! »

De l'usage et de l'abus
de la « psychologie de comptoir »
dans certaines entreprises

Durant les pauses, à la cafétéria, dans le coin fumerie, à la cantine, nombreux sont les échanges où chacun va exprimer ses amertumes, ses insatisfactions ou ses reproches. Cela se fait en général sur le mode de la communication indirecte (on se libère d'un trop-plein d'insatisfaction) en parlant de quelqu'un qui n'est pas là. Ce qui va intensifier les rumeurs et propager l'équivalent d'un poison que s'appelle l'abus de la psychologie de comptoir.

En voici quelques exemples.

« Lui, depuis qu'il a perdu son père et qu'il a repris la boîte, ça y est, il se croit le chef de la tribu. Il ne se prend pas pour la queue de la cerise ! Il fait un complexe de supériorité et nous traite comme des chiens ! »

« De toute façon, ne t'inquiète pas de son attitude à ton égard. Avant, c'était après sa femme qu'il en avait ! Il nous parlait sans arrêt d'elle. Depuis qu'ils

se sont séparés, il fait un transfert sur toi, tu lui sers
de poubelle ! »

« Le petit nouveau, tu as vu ses yeux ! C'est sûr,
il fait son œdipe avec la responsable du secrétariat !
Il la voit tour à tour comme une sorcière ou comme
une fée. Il est foutu, elle va l'avaler tout cru ! »

Ainsi, de lieux communs en lieux communs, des
mots tels que transfert, complexe, projection, psychanalyse, identification, sont-ils véhiculés avec une familiarité suspecte et deviennent des étiquettes déposées
de façon durable sur certains.

Tel membre d'une équipe ou d'un service va découvrir, après quelque vingt ans de bons et loyaux service, qu'il « est toujours le chouchou » ou « le petit
dernier » du responsable du marketing, pourtant depuis
longtemps disparu !

Tel chef de rayon va « entendre » qu'il est suspecté
de malversations, mais qu'on le garde « parce qu'il
sait tenir » son équipe !

L'aveuglement et la surdité que nous avons envers
nous-même sont difficiles à reconnaître et donc dépasser sans l'aide d'un tiers ou d'un événement révélateur. Ainsi ce collègue peut-il s'écrier avec une foi
sincère : « Moi, tu vois, je n'aime pas du tout porter
des jugements de valeur, je déteste dire du mal de
quelqu'un. » Alors que cinq minutes avant il considérait que « vraiment la réceptionniste est une vieille
fille mal baisée », ou que le responsable de secteur
« est le dernier des fayots avec le directeur régional »,
que le nouveau diplômé, chargé de mission auprès du
P-DG, « n'en fout vraiment pas une rame, que c'est
même pour cela qu'on l'avait engagé avec tous ses
diplômes qui ne servent à rien. La preuve ! ».

L'aveuglement sur soi-même permet paradoxalement de repérer avec beaucoup de précision et même de pertinence un défaut, une insuffisance, un manque chez autrui, alors qu'il est flagrant pour tout notre environnement que ce même défaut, insuffisance ou manque est d'abord chez soi ! Ce que justement nous ne voyons pas chez nous, car ce serait trop insupportable de l'admettre ! C'est pour cela que nous préférons le voir et… le combattre chez les autres !

Un travail d'introspection, pour être validé, supposera l'écoute et le regard bienveillant et non satirique d'un ami ou d'une personne dont nous reconnaissons l'autorité. Un début d'éveil ou de changement pourrait être simplement de commencer à entendre que, si je suis si sensible à tel ou tel défaut chez quelqu'un de mon entourage, c'est que, de toute évidence, je suis également porteur de ce défaut ! Encore faut-il beaucoup d'humilité et d'humour pour l'admettre.

À l'extrême, avec humour et même quelque tendresse, je pourrais remercier chacun de mes proches ou collaborateurs qui accepte ainsi de me montrer avec autant de liberté dans leurs comportements quelques dérapages ou excès chez… moi.

S'il devenait possible, dans la plupart des équipes, de proposer ainsi ce travail de mise à plat sur les zones d'intolérance, sur les attentes implicites, sur les points aveugles et sur les phénomènes de problématique en miroir qui fourmillent dans les services et parasitent tant la bonne volonté ou la disponibilité, cela entraînerait moins de tensions, moins de conflits larvés, libérerait plus d'énergie et de créativité, susciterait moins de sabotages et rendrait la vie plus facile aux uns et aux autres.

Il travaille beaucoup, lui !
Et il n'hésite pas à le dire,
à le montrer et à démontrer
que « *sans lui dans cette maison... »*

Oui, je connais certains hommes qui travaillent, travaillent, travaillent sans compter leurs heures, qui sont
dévorés par leur travail, je devrais dire par leur entreprise !

C'est un homme très occupé, qui n'arrête jamais.
Cela se voit immédiatement sur son visage, dans ses
gestes, à sa démarche, à la façon qu'il a de regarder
ailleurs quand il vous parle...

Il est solide, conscient de ses responsabilités, non
seulement de celles qu'on lui a confiées, mais aussi
de toutes celles qu'il pourrait avoir, si seulement on
savait mieux reconnaître ses compétences !

Il ne demande que ça, travailler, travailler plus ! Il
est toujours soucieux de mieux faire, et d'ailleurs, il le
fait savoir et ceux qui en douteraient sont, c'est bien
connu, des jaloux, des incapables ou des fumistes...

Il fréquente amoureusement son téléphone portable,

ne quitte jamais son attaché-case, palpe fréquemment son micro-ordinateur pour vérifier s'il est toujours là, mémoire vivante de tout ce qu'il a fait, va faire, de tout ce qu'il pourrait faire, devrait faire, aurait dû faire...

Quand il vous parle, ce n'est jamais de lui, mais de ce qu'il fait. C'est un homme du faire, pas de l'être. C'est avant tout un cérébral qui cogite en permanence, qui sait ce qu'il veut, où il va, du moins en est-il persuadé. Il sait surtout ce qu'il attend des autres !

Il est concis, clair, précis, toujours un peu en avance sur les projets en cours. Il n'a pas de temps à perdre avec des considérations métaphysiques. Il est capable d'être (dans sa tête) dans plusieurs réunions à la fois et de résoudre des tas de problèmes qui ne se posent pas, mais qui pourraient surgir... On ne sait jamais !

Ah oui, ce matin, il doit rencontrer les délégués du personnel, puis un client important – ne pas oublier de changer de cravate – il doit déjeuner avec le Président de son groupe ne pas oublier de cirer ses chaussures avant : en crachant dessus et en frottant avec un kleenex, ça ira ! Oui, le Président fait une fixation sur les chaussures !

Il s'est préparé tout le week-end à la maison pour répondre aux critiques, contourner, feindre, déjouer les pièges. Il connaît différentes stratégies pour se montrer performant. Cet après-midi, il a prévu de revoir le plan objectif 2010. Il insistera pour qu'on y intègre la question de l'extension vers de nouveaux marchés... une délocalisation à prévoir, de préférence masquée, pour ne pas réveiller trop tôt la curiosité du Comité d'entreprise !

Ah oui, penser aussi à offrir des fleurs à son assistante. Elle est Sagittaire, c'est son anniversaire. Lui, c'est Taureau !

Quand il rentre chez lui, il est épuisé. C'est d'ailleurs les premiers mots qu'il dépose sur son épouse, son expression favorite dès qu'il a lancé ses chaussures dans le couloir et jeté son blazer sur le divan du salon, demandé où sont ses pantoufles. « Je suis crevé ! »

Cela signifie, pour sa femme qu'il embrassera plus tard, dans un moment d'inattention : « N'attends rien de moi, ne me demande pas en plus de m'intéresser à un de tes trucs ou de m'occuper des enfants… Moi je suis mort, je suis lessivé ! Je n'arrête pas de travailler pour vous, moi ! Et j'aimerais que quelqu'un, de temps en temps, dans cette maison le reconnaisse ! »

Pendant le repas du soir, il ne faut pas interrompre ses pensées, nombreuses, tous azimuts… Il pense, il prévoit, il organise. « Peut-être que je vais demander ma mutation dans une filiale, ce serait bon pour mon plan de carrière. Il faut savoir sauter sur l'occasion… Je sais que ma femme n'aimera pas ça à cause de ses copines et de sa mère… Mais il faut savoir ce qu'on veut. Et puis je ne veux pas me retrouver, à quarante ans, coincé dans un placard à la direction des relations humaines !

Ce serait bien si je reprenais le sport, un peu de tennis, des abdos… Il faudrait que j'actualise mon CV, on ne sait jamais, ils sont nombreux à vouloir mon poste… J'espère que le chef du marketing a bien saisi ce que je voulais lui faire passer. Il faut que je secoue le webmaster de notre site, il a encore oublié de signaler mon topo sur l'importance des relations humaines dans l'entreprise… »

« Qu'est-ce qu'il y a d'intéressant à la télé ce soir ? », dira-t-il d'une voix épuisée à son épouse et, sans attendre la réponse : « De toute façon il faut que je termine ce rapport sur l'ouverture du magasin de Tokyo... »

L'environnement est soft, les gosses seront couchés après un bisou aseptisé, sa femme sera endormie quand il viendra la rejoindre au lit, de toute façon elle avait mis un pyjama, cela veut dire que ce soir elle n'est pas disposée...

« Demain, il faut que je pense à faire... » Ce faire qui, trop souvent, lui fait oublier d'être !

Elle aussi travaille beaucoup…

J'ai créé ce petit texte pour illustrer quelques aspects d'une réalité difficile à vivre des femmes qui travaillent à l'extérieur. Je peux imaginer que quelques connaissances vont se reconnaître, et peut-être en rire pour ne pas trop en désespérer !

Elle jongle avec le temps et l'espace. Elle fait de la haute voltige avec les courses. Elle surfe sur la préparation des repas, slalome avec la tenue de la maison, manage avec habileté ses différentes casquettes de femme, d'épouse, de mère, de maman, de travailleuse, d'ex-petite fille, d'amoureuse…

Elle suit avec beaucoup d'enthousiasme et pas mal d'angoisse la scolarité des enfants. Elle stimule leurs loisirs, soutient les leçons de piano, accompagne les petits bobos du cœur et du corps… Elle arrive même à discuter un peu avec la toute dernière, n'arrive pas du tout à échanger avec la première, son aînée. C'est avec cette adolescente qu'elle a le sentiment d'être nulle de chez nulle ! Mais elle ne désespère pas de trouver un prétexte pour reprendre la relation, sitôt qu'il y aura une ouverture, un mieux ! Elle a accepté de laisser tomber la plupart de ses exigences avec celui qui est entre les deux ; de toute façon c'est son garçon préféré. Au moins, elle peut être fière de lui, pour l'instant !

Et puis, il y a son boulot, ça c'est important. Elle y croit, même si sa mère et surtout sa belle-mère la culpabilisent à mort : « Tu travailles pour rien, puisque ton mari a une belle situation, à quoi ça sert de gaspiller ta vie ? Et les enfants, tu as pensé aux enfants ? » Elle ne fait que ça, penser à eux, au travail, à la maison, dans son sommeil !

Et pourtant, elle se sent engagée à fond dans la réussite de sa boîte. Se mobilise à plein temps et même plus pour atteindre les objectifs de son service. Elle aime bien ce qu'elle fait, elle sent qu'elle sert à quelque chose, que là au moins on compte sur elle. Bon, d'accord, elle gagne un tiers de moins que son collègue masculin, celui qui a fait la même formation, qui a été recruté en même temps et qui occupe le même poste dans un autre service ! Elle sait que la place des femmes, dans son entreprise, est pleine d'ambiguïtés, de collusions et de non-dits. Mais elle ne se laisse pas faire, elle sait s'affirmer et mettre en évidence ses apports, son rôle, sa fonction. Parfois, elle en est certaine, elle est sûre qu'elle est appréciée, qu'on la considère dans la hiérarchie comme fiable, qu'on peut compter sur elle. Elle sait aussi que sa place est enviée par beaucoup d'autres.

Bref, vous l'avez compris, elle tient le coup. Avec des moments d'interrogations, de doutes, de désespoirs, de coups de pompe et de rêves aussi.

Un rêve important l'habite, celui de pouvoir s'appuyer sur son conjoint, le jour où il sera moins

« crevé », lui ! Un soir, elle lui a répondu : « Je ne suis pas garagiste ! » Il a haussé les épaules en lui pardonnant de faire du mauvais esprit !

Ils sont encore ensemble… Tout le monde autour d'eux les en félicite et s'en étonne aussi. Ils ont été plusieurs fois au bord du gouffre de la séparation. Elle tient le coup. Elle veut faire la preuve que c'est possible de ne pas vivre comme a vécu sa mère, dans la dépendance financière de son mari, et de mener de front vie personnelle, vie familiale et vie professionnelle.

Elle tient le coup… Bon, d'accord, elle a un peu grossi, elle n'a pas le temps de beaucoup lire, elle a renoncé au tennis, mais se promet de faire du sport aux prochaines vacances, celles qu'ils n'auront pas le temps de prendre ensemble, son mari et elle, cette année. Mais l'an prochain, c'est sûr…

Ce soir, dans son lit, elle songe à ses copines de fac ! Qu'est-ce qu'elles sont devenues, elles ? Elle évoque dans un rêve éveillé son premier amour. De toute façon, ça n'aurait jamais marché avec lui, il était trop inconstant, il voulait toujours avoir raison… Et ce nouvel attaché de direction qui l'a invitée à boire un pot l'autre jour, il n'est pas si mal, il a l'air gentil. Sur le moment je l'ai un peu rembarré en refusant, mais la prochaine fois j'accepte son invitation. Parler et être écoutée, ça fait du bien ! Mais bon, ne rêvons pas trop, ce doit être un homme très occupé lui aussi !

Demain, il faut que je fasse ceci et cela, que je prépare, que je n'oublie pas, que je pense à… Oui, elle travaille dur, sur beaucoup de plans, et elle tient le coup.

Pour l'instant !

Quelques interrogations
professionnelles et personnelles

Il peut être utile, maintenant, de proposer quelques repères pour mieux conduire sa vie professionnelle, pour ne pas se laisser envahir par le stress, pour ne pas se laisser dévitaliser.

Devenir adulte, c'est avoir la capacité d'assumer non seulement sa survie, en se donnant les moyens de satisfaire ses besoins vitaux élémentaires, mais c'est aussi avoir suffisamment de ressources pour répondre à ses besoins relationnels afin de pouvoir établir des relations vivantes et saines, avec soi-même d'une part et avec autrui d'autre part. Il semble que l'engagement dans une profession, le choix d'un parcours professionnel, soit un des moyens que nous utilisons pour répondre à tout cela.

J'ai rassemblé ici quelques interrogations qui se veulent des stimulations et des balises pour permettre à toute personne engagée dans un parcours professionnel de mieux se positionner par rapport à sa vie professionnelle et de mieux en percevoir l'impact sur sa vie personnelle.

• Je travaille peut-être par nécessité et non par choix, mais c'est bien moi qui ai choisi de travailler ici !

• Je travaille avant tout pour gagner ma vie, et celui qui m'emploie paye ce travail pour générer une production et, surtout, des profits !

Et si je suis encore dans cette entreprise, dans cet emploi, c'est que vraisemblablement nous avons trouvé lui et moi un point d'accord commun minimal : que je ne fasse pas perdre d'argent et même que j'en fasse gagner – cela s'appelle un profit – à celui qui m'emploie, qu'il me permette d'en gagner aussi – cela s'appelle un salaire.

• Je peux sentir peser sur moi et éprouver comme douloureuses des contraintes et des obligations, mais j'ai aussi la possibilité de leur donner un sens, ce qui me permet de les vivre ou de les affronter différemment. Donner du sens à mon travail, c'est l'antidote par excellence aux risques du stress !

• Je reçois certainement beaucoup de messages négatifs dans une journée de travail, mais je ne suis pas obligé de les stocker en moi, de me polluer avec ou de me transformer en poubelle relationnelle !

• Je n'ai pas toujours la possibilité de choisir mes collègues de travail, mais c'est bien moi qui peux décider d'être stimulant, dynamique et actif ou, au contraire, passif, négatif ou disqualifiant avec eux !

• Je peux me laisser influencer par les conseils et les recommandations de ceux qui m'entourent, mais je peux aussi tenter de témoigner de mes idées et de mes expériences. Je peux également prendre le risque d'essayer de les influencer à mon tour !

• J'ai bien sûr des zones de tolérance ou d'intolérance, des niveaux de vulnérabilité et de fragilité, des moments où je tourne à vide, comme tous mes collègues, mais je ne veux pas être reconnu et identifié uniquement à partir de mes manques !

• C'est à moi de me donner les moyens de mettre en évidence mes ressources, mes compétences, mon efficience et mes réussites, sans attendre nécessairement qu'elles soient reconnues par les autres.

• Il peut m'arriver d'être stressé et pollué, je peux en accuser les autres, mais je peux aussi apprendre à me protéger contre certaines pollutions relationnelles : dénigrements, rumeurs, jugements de valeur, allusions, messages à double sens…

• Même s'il est important de me souvenir que travailler, c'est vendre 8 heures (parfois plus, quelquefois moins) de ma vie par jour de travail, je me dois de ne pas oublier que ma vie personnelle, conjugale ou familiale est dans une interdépendance étroite avec mes satisfactions ou insatisfactions professionnelles ! Et donc que je déposerai l'une ou l'autre sur les personnes les plus proches de ma vie !

• Ainsi la question la plus vitale sera non pas combien je vends ma vie, mais comment je la vends ? Et sur le plan du comment, je peux en apprendre beaucoup !

Charte de vie pour un mieux-être avec soi-même ou comment accepter d'être un meilleur compagnon pour soi-même

C'est la première des trois chartes de vie susceptibles d'être proposées dans chaque équipe de travail, voire dans chaque entreprise. La deuxième concernera les relations avec les collègues directs et la troisième touchera aux relations avec les supérieurs.

Être vigilant pour entretenir et protéger son propre bien-être est une mesure antistress de base.

1. Je peux découvrir, à tout âge, que je suis partie prenante et coauteur de tout ce qui m'arrive.

2. Je peux éviter d'entretenir des accusations sur autrui ou des auto-accusations pour tout ce qui surgit dans ma vie. Et je peux mieux apprendre à me définir, à me situer et à me positionner.

3. Quand me vient de l'autre, des autres ou de l'environnement un événement, une parole ou un acte qui me fait violence, je peux nommer mon ressenti et

« remettre » ou laisser chez l'autre ce qui me vient de lui, quand ce n'est pas bon pour moi.

4. Quand me vient de l'autre, des autres ou de l'environnement un événement, une parole ou un acte que je peux accueillir comme un cadeau ou une gratification, il m'appartient de le recevoir, de l'accueillir et de lui donner éventuellement le prolongement qu'il mérite. Ma liberté intérieure en sera d'autant plus grandie, mes ressources confortées et mes énergies amplifiées. Ma responsabilité sera ensuite de faire rayonner tout le bon que je reçois d'autrui et de mon environnement au travail.

5. Chaque fois que je prends le risque de me positionner, de m'affirmer en me respectant, je prends aussi le risque de me différencier. Ce faisant, je peux heurter des sensibilités, contrarier des croyances et ne pas recevoir l'approbation de mon entourage. Je dois apprendre à faire face, à me confronter aux réactions que je déclenche et être capable d'entendre toutes les différences qui peuvent surgir dans une mise en commun autour d'une tâche ou d'un projet commun.

6. En faisant des demandes directes et ouvertes, j'accepte aussi de ne pas contrôler la réponse de l'autre. Je prends donc le risque et la liberté d'accueillir les réponses que j'ai sollicitées, qu'elles soient positives ou négatives, ce qui ne veut pas dire nécessairement que j'y adhère ou que je m'y oppose.

7. En ne restant pas enfermé dans des positions réactionnelles, en acceptant de maintenir du relationnel, je sais que j'agrandis les possibles d'un échange.

8. En m'appuyant sur quelques outils susceptibles de favoriser la communication telles que l'écharpe relationnelle, la visualisation ou la symbolisation et en appliquant dans mes échanges quelques règles d'hygiène relationnelle, je me rends plus cohérent, plus consistant pour développer des relations créatrices.

9. J'agrandis et développe mon autonomie et ma liberté chaque fois que j'apprends à prendre soin de mes besoins, de mes désirs ou de mes sentiments sans les faire peser sur l'autre.

10. Quand je ne confonds plus culpabilisation (celle qui vient de l'autre) et autoculpabilisation (celle qui vient de moi), je m'ancre mieux dans la réalité et je me projette également moins sur l'autre.

11. Ma capacité à rester centré dépendra de ma rigueur à ne pas me laisser polluer par des relations énergétivores, mais aussi de mon ouverture à accueillir des relations énergétiphiles ou énergétigènes. Tout échange est susceptible d'engendrer de l'énergie si je ne me laisse pas polluer par le négatif qui peut en surgir.

12. Si j'accepte de découvrir que tout changement personnel a un prix à payer en termes d'exigence, de rigueur, de renoncement, de distanciation ou de ruptures possibles, je vais me relier plus profondément au divin qui est en moi et confirmer la dimension spirituelle qui m'habite. Dimension qui reste présente, même si je n'en témoigne pas, dans mes relations professionnelles.

Charte de vie pour de meilleures relations dans mon travail

Nous proposons ici une charte de vie, qui pourrait être discutée, modifiée ou enrichie et peut être adoptée par un ensemble professionnel donné. Voici donc les points forts de cette charte qui pourraient constituer la base d'une plate-forme commune pour travailler ensemble dans le respect de chacun.

1. Quelle que soit ma fonction, quel que soit le poste que j'occupe, quelle que soit mon ancienneté, j'ai besoin d'être reconnu comme une personne.

2. J'ai aussi besoin d'être valorisé, gratifié dans ce que je fais. Oui, j'ai besoin que quelqu'un me renvoie de temps en temps une image positive de mon travail et de moi-même, un encouragement à me dépasser.

3. J'ai besoin d'être informé, consulté parfois, pour tout ce qui concerne l'évolution de mon travail, de mon poste, de mes responsabilités.

4. J'ai besoin d'un positionnement clair, constant et cohérent de la part des personnes ayant autorité pour tout ce qui touche à mes devoirs, à mes engagements envers l'équipe, l'institution ou l'entreprise pour laquelle je travaille.

5. J'ai besoin d'un positionnement sans ambiguïté sur mes droits et les engagements de l'institution ou de l'entreprise à mon égard. Je ne veux pas être l'objet d'une projection liée à la fluctuation des désirs et des peurs de chacun au moindre malentendu, à la moindre divergence, à la moindre maladresse ou au moindre incident.

6. J'ai besoin que mon point de vue soit entendu, même s'il n'est pas toujours retenu ou pris en compte.

7. J'ai besoin de rendre compte de mon travail à un responsable direct et d'avoir son écoute pour en évaluer les résultats positifs ou moins positifs.

8. J'ai besoin d'être passionné dans mon travail, d'avoir des buts, des projets, et même de conserver la possibilité de rêver à des changements.

9. Je voudrais rappeler que c'est huit heures ou plus de ma vie que je vends chaque jour en travaillant et que je suis sensible à la qualité de ma vie durant ce temps, car elle se répercutera sur l'ensemble de mon existence et de mes relations.

Si chacun de ces points de vue peut être entendu et vécu sur mon lieu de travail, vous pouvez être assuré que je collabore au maximum. Nous sommes alors les uns et les autres dans une relation qu'on pourrait appeler gagnant-gagnant, ce qui peut être bon pour chacun.

Une anticharte de vie relationnelle pourrait s'énoncer ainsi :

- Quand je ne suis pas reconnu comme une personne.
- Quand je me sens critiqué et jugé.
- Quand mon point de vue n'est pas entendu.
- Quand je ne reçois aucune gratification et valorisation.
- Quand je ne suis qu'un exécutant.
- Quand je m'ennuie.
- Quand je ne peux me reconnaître dans l'incompétence de mes supérieurs.

Alors je deviens un exécutant ou un collaborateur niaiseux, débile ou passif, parfois même réactionnel et méchant, même si je ne le montre pas toujours au grand jour ! Nous sommes alors les uns et les autres dans une relation perdant-perdant. Ce qui n'est bon pour personne, et encore moins pour l'entreprise.

Charte de vie relationnelle
avec les personnes ayant autorité

Comme salarié, comme ouvrier ou employé, voici ce que chacun peut attendre des personnes sous la responsabilité ou l'autorité desquelles il travaille.

En priorité, et cela va en étonner plus d'un, la qualité essentielle que nous attendons d'un responsable ou d'un manager, c'est la stabilité émotionnelle.

L'instabilité émotionnelle, ou les variations intempestives des émotions ou des humeurs chez les personnes ayant autorité, entraînent chez celui qui les subit une consommation maximale d'énergie, provoquent du stress qui diminue son efficience et fragilise ou agresse ses ressources opérationnelles.

Nous attendons aussi des stimulations et des apports structurants, avec une demande implicite envers la personne dont nous dépendons directement : qu'elle puisse mettre le maximum de sa compétence et de ses expériences à notre service, pour soutenir et continuer à favoriser notre réussite. Non pas notre réussite personnelle, mais notre réussite fonctionnelle, ceci afin que nous puissions collaborer avec le maximum de nos ressources à la réalisation et au succès du projet ou du travail dans lequel nous sommes copartenaires ou collaborateurs.

Nous désirons des critiques constructives. Nous souhaitons en effet de la personne responsable dont nous dépendons qu'elle puisse nous proposer ses critiques pour augmenter notre efficacité. Des critiques sur nos actions, nos actes, nos comportements, notre capacité ou incapacité à faire face à nos engagements et non qu'elle émette des jugements de valeur sur notre personne. Nous vivons mal de voir confondues notre personne et notre fonction. Ce n'est pas parce que nous sommes en difficulté face à une tâche ou dans l'incapacité d'atteindre le résultat prévu que nous sommes globalement incapables ou nuls.

Nous demandons un soutien direct. Nous espérons un soutien inconditionnel chaque fois que nous sommes en difficulté. Un soutien ouvert sans commentaire dénigrant, sans reproche ou accusation. Un soutien qui puisse nous être offert à travers une aide concrète, permettant de dépasser nos difficultés, d'affronter la situation sur laquelle nous butons, d'aller au-delà de nos carences ou de nos manques, considérés comme circonstanciels.

Nous espérons avoir des échanges possibles en dehors des situations de crise. Nous anticipons la possibilité d'avoir des échanges régulateurs où chacun puisse se dire et être entendu. Au-delà de la recherche d'un accord possible, nous visons à établir un partage des informations, des points de vue, des expériences et des différences dans les approches d'un même problème. Nous comptons sur la possibilité d'une mise en commun des ressources de chacun.

Nous voudrions pouvoir vivre dans un contexte où l'expression de chacun puisse être directe et interactive. Chaque fois que nous proposons une mise en mots de notre expérience et de notre vécu, en parlant de nous-mêmes, en nous impliquant, nous ne souhaitons pas que notre interlocuteur l'entende comme une mise en cause de sa personne ou du service, mais bien comme l'expression d'un témoignage personnel exprimant notre point de vue.

Nous aspirons à être reconnu et confirmé de temps en temps dans nos réussites.

Les valorisations sincères et les gratifications spontanées nous stimulent, nous encouragent et nous rendent plus efficients.

Nous avons l'espoir que tout ce que nous venons d'exprimer soit réalisable ou tout au moins fasse l'objet d'une confrontation et d'un partage. Nous pouvons nous rappeler que :
• La qualité du management relationnel d'un responsable est fonction de sa capacité à énergétiser, dynamiser et agrandir les ressources de ses collaborateurs.
• Le quotient relationnel d'un responsable, c'est-à-dire la capacité de dynamiser, de stimuler ou d'augmenter les ressources de ses collaborateurs (quotient élevé) ou au contraire de saper, de maltraiter ou de diminuer les ressources de ses collaborateurs (quotient bas), est fonction de la façon dont il exerce son influence soit en termes de pouvoir et de rapports de force (quotient relationnel bas), soit en termes d'autorité (quotient relationnel élevé).

Mise en pratique de quelques règles d'hygiène relationnelle pour anticiper, prévenir les situations de stress ou en diminuer les effets

Si nous considérons que communiquer est la sève de la vie, nous percevons bien que la non-communication, l'incommunication ou les communications pernicieuses qui dominent actuellement dans le monde du travail sont à l'origine de beaucoup de violences (disqualifications, agressions verbales, rejet ou isolement) et surtout d'autoviolences (violences retournées contre soi). Celles-ci se manifestent par des états de fatigue excessive, par des symptômes physiques et des somatisations multiples qui aboutissent à des périodes anxiogènes, dépressives ou de burn-out.

En proposant quelques règles d'hygiène relationnelle simples, qui non seulement peuvent être mises en application dans n'importe quel milieu de travail, mais sont également transmissibles, nous posons les ancrages d'un renforcement de l'estime et de la confiance en soi.

Pour ceux qui accepteront de les mettre en application, nous proposons ainsi les moyens d'une survie possible.

- Sortir de l'implicite pour passer à plus d'explicite. Cela veut dire savoir exprimer ses ressentis, ses attentes, ses sentiments, ses choix, ses engagements, ses limites.
- Apprendre à se définir, à se positionner dans l'apposition et non dans l'opposition, et privilégier la confrontation à l'affrontement.
- Ne pas confondre la personne et son comportement, et donc mieux différencier ce qui est exprimé à un moment donné par celui qui est devant nous de la totalité de ce qu'il est.
- Proposer l'écharpe relationnelle pour permettre de visualiser que nous sommes toujours trois dans un échange : l'autre, moi et la relation. Que cette relation a deux bouts, que chacun est responsable du bout de sa relation. Et donc inviter celui qui s'exprime à parler à son bout et non sur le nôtre. Cela permet de mieux se responsabiliser, de sortir de la victimisation, de recréer du lien social.
- Utiliser autant que possible la visualisation, c'est-à-dire accepter de montrer, à l'aide de quelques « objets », ce dont je parle. La visualisation fait gagner beaucoup de temps et permet de mieux entendre et de mieux comprendre, en réduisant les distorsions possibles entre ce qui est dit et ce qui est entendu.
- Considérer que tout jugement de valeur, toute parole disqualifiante, toute attitude ou geste dégradant pour ma personne, tout message toxique peut être « **restitué symboliquement** » à celui qui le dépose en nous. Nous pouvons aussi mettre en pratique

une attitude relationnelle positive qui s'appelle **la confirmation**. *« Oui, c'est comme cela que vous me voyez, c'est votre point de vue, votre opinion, votre regard sur moi, cela vous appartient, je le laisse chez vous. »*

- Ne pas pratiquer ou entretenir chez les autres la communication indirecte qui consiste à parler sur les autres en leur absence. Favoriser la communication directe, parler de moi à celui ou celle qui est devant moi.

- Apprendre à **proposer** à ses collègues proches **une carte de visite relationnelle** sur laquelle peuvent figurer différents aspects de ma personne.
  « Voici quelles sont mes ressources dans différents domaines et pas seulement ceux liés à ma fonction ou à mon poste de travail... »
  « Voici quelles sont mes limites... »
  « Voici quelles sont mes zones de vulnérabilité et d'intolérance... »
  « Voici, au-delà de mes compétences professionnelles, mes centres d'intérêt, de loisirs, mes talents dans différents domaines... »

- Proposer de nettoyer, d'**élaguer certaines tâches** et charges « non indispensables ou routinières », comme par exemple réduire les dévoreurs de temps (réunionite aiguë, inflation des e-mails, saturation par des notes de service...).

- Sortir des non-dits autour de quelques tabous comme le décalage parfois très important, dans un même service, entre des postes à surcharge et d'autres à sous-charge, ce qui génère beaucoup de frustrations et d'autosabotages inconscients.

- Ne pas hésiter à témoigner d'un conflit intrapersonnel qui peut naître en nous quand nous sommes confrontés à des demandes dites impossibles, c'est-à-dire sans que nous disposions de moyens pour les assumer et les transformer en réussites.

En résumé, il est toujours possible :
– soit de réduire préventivement les risques d'apparition du stress par une anticipation face à des conduites et des comportements se révélant générateurs de dysfonctionnements,
– soit d'apprendre à mieux se confronter aux situations de stress par un positionnement relationnel où l'affrontement et la soumission sont remplacés par la confrontation et l'affirmation.

Donner plus de vie à la vie devrait être le sens de toute existence. Même au travail ! Parce qu'il y a, chez la plupart d'entre nous, une aspiration au bonheur, sinon à un mieux-vivre. Certains vont rechercher activement et concrètement des moyens pour accéder à ce mieux-être, qui leur permettent de se sentir plus en accord avec soi-même et avec les autres. D'autres, au contraire, vont attendre, espérer, réclamer ou exiger des autres qu'ils répondent à leurs attentes sans pour autant se mobiliser pour introduire ou provoquer des changements.

Je voudrais rappeler que le bonheur n'est pas un état permanent mais une aspiration vers une harmonie intérieure, un accord entre nos attentes et les réponses de notre environnement.

Un point très important, et cependant trop souvent méconnu de la plupart d'entre nous, est d'ignorer que nous attendons implicitement de la part de notre entourage professionnel qu'il entende (surtout) et (parfois) réponde à nos besoins relationnels.

À l'écoute
de nos besoins relationnels

C'est par une meilleure écoute et des réponses adaptées à nos besoins relationnels que nous vivifions la vie qui est en nous. Mieux connaître nos besoins relationnels nous permet d'apprendre à les respecter en nous. Il ne faut pas oublier qu'ils sont à la base de notre équilibre interne. En sachant en témoigner, ils vont guider beaucoup de nos conduites. Leur méconnaissance ou leur maltraitance sont à l'origine, quand ils ne sont pas entendus, respectés ou comblés, de la plupart de nos malaises, conflits et frustrations. Ils sont donc la source même (ou un véritable obstacle) au sentiment de bien-être, qui fait que nous pouvons être heureux ou pas dans notre travail et, par extension, dans la plupart de nos relations, qu'elles soient proches ou moins proches.

Besoin de se dire : avec des mots qui sont les nôtres. Et cela dans différents registres (au niveau des idées, des ressentis, des émotions, des sentiments, des actes posés, des croyances, de nos besoins et désirs).

Besoin d'être entendu dans l'un ou l'autre des registres que nous privilégions, avec lesquels nous allons nous exprimer et tenter ainsi de rejoindre l'autre. Ce qui ne veut pas dire que celui-ci doit être d'accord, mais nous attendons implicitement de lui d'être reçu dans ce que nous disons.

Besoin d'être reconnu, pas seulement pour ce que nous faisons, mais aussi pour ce que nous sommes comme personne.

Besoin d'être valorisé. Bien sûr à travers un salaire, mais, au-delà, par des mots d'encouragement, par des confirmations, par des attentions particulières.

Besoin d'intimité qui confirme et renforce notre sécurité intime. Dans les bureaux dits paysagers où travaillent ensemble 30 ou 60 personnes, chacun a besoin de recréer avec une photo, une plante, un bibelot un espace plus personnalisé, bien à lui.

Besoin de créer et d'influencer notre environnement immédiat. D'avoir le sentiment que nos propositions, nos suggestions pour améliorer tel ou tel aspect de notre travail ne tombent pas aux oubliettes, que nous existons et sommes reconnu comme sujet.

Besoin de rêver que demain sera meilleur qu'aujourd'hui et après-demain meilleur que demain. Ce dernier besoin est violenté aujourd'hui dans le monde du travail, par l'insécurité qui règne autour de l'emploi et par l'inquiétude avec laquelle nous colorons l'avenir.

Alors que je lisais un soir à haute voix ce que je venais d'écrire sur les besoins relationnels, une de mes filles m'a aussitôt interrompu en me disant : « N'oublie pas de mentionner le besoin d'aimer et celui tout aussi important d'être aimé. » Je ne sais si ces deux besoins sont de vrais besoins, dont va dépendre notre équilibre ou notre intégrité physique et psychique. L'aspiration qui nous habite, d'être aimé et de pouvoir aimer qui nous aime, me paraît surtout être liée à des manques, et en particulier au manque de sécurité de base qui s'inscrit en nous dans la toute petite enfance. Je sais que le « besoin d'être aimé » est avancé par beaucoup comme étant essentiel, sous peine de ne pouvoir être heureux ou se sentir bien avec soi-même. Je laisserai ouverte cette question en invitant chacun à s'interroger sur le degré de dépendance qu'il a par rapport à ce « besoin », qui peut se manifester, quand il est trop envahissant, par des comportements de soumission (pour susciter chez l'autre de l'attention et de l'intérêt) ou de domination (pour imposer à l'autre sa propre demande !). Je ne crois pas que le « besoin » d'aimer soit à mettre dans les besoins relationnels, car si j'aime (quand j'ai de l'amour à donner) je ne suis pas dans le manque ou la demande, je suis dans l'offrande et le donner. C'est à chacun de s'interroger pour tenter de voir plus clair dans les priorités qui sont présentes à un moment donné de sa vie. Priorités qui seront en accord ou en désaccord avec la satisfaction de ses besoins relationnels. Nous avons donc plus de chances d'être satisfait, sinon plus heureux, quand nous avons le sentiment que nos besoins relationnels sont respectés.

Au-delà d'une prise de conscience, se donner les moyens de se former aux relations humaines

Pour commencer, chacun d'entre nous pourrait intégrer, au quotidien, deux ancrages importants.

Reconnaître que nous sommes tous des infirmes de la relation. Et donc cesser d'accuser les autres, le gouvernement ou le ciel, pour accepter de prendre ainsi la responsabilité d'assumer cet handicap énorme, celui de croire que nous savons mieux que les autres, ou que c'est nous qui avons raison !

Essayons d'imaginer aujourd'hui la circulation automobile où chacun conduirait en fonction de ses propres règles, de ses désirs et de ses peurs ! Nous avons là une image réaliste de ce qu'est devenue la communication aujourd'hui. Chacun étant persuadé qu'il sait, lui, communiquer ! Ainsi à partir de ce constat :

Il y aurait un engagement intime à prendre envers soi-même : celui d'apprendre à mettre en commun autour de quatre points, et cela à travers une com-

munication directe de personne à personne : oser demander, oser donner, oser recevoir et oser refuser.

En reconnaissant que nous sommes toujours trois dans un échange : l'autre, moi et la relation. Et que si cette relation est importante, elle doit faire l'objet de soins, de respect et de cohérence.

Il ne suffit pas de s'interroger sur les conséquences douloureuses, anti-économiques et violentes de l'in-communication galopante qui existe dans la famille, dans le couple, à l'école et dans le monde des loisirs. Ni de tenter de colmater ou de réparer les conflits inter-personnels, les sabotages relationnels ou la mauvaise utilisation des ressources réelles des personnes dans le monde du travail ou la vie civile. Encore faudrait-il accepter de s'appuyer sur quelques points minima d'ac-cord, pour développer des relations plus vivantes. Ce qui voudrait dire :

Accepter d'apprendre quelques règles d'hygiène relationnelle communes et prendre l'engagement de les mettre en pratique au quotidien. Elles sont énon-cées dans un tout petit livre que j'ai écrit, en son temps, pour mes enfants : *Heureux qui communique* (Pocket). Et même si certains peuvent continuer à les ignorer (comme ceux qui transgressent les règles de la conduite routière), il est toujours possible de les appli-quer au jour le jour, non seulement dans son cadre professionnel, mais également dans sa vie personnelle.

Il n'existe pas de stratégies à proprement parler, et encore moins de recettes simples pour réconcilier tra-vail et épanouissement personnel. Bien sûr, on peut faire des stages de formation, de sensibilisation, de résolution des conflits, de prise de décision, et cela se fait aujourd'hui dans beaucoup d'entreprises par le biais de la formation continue. On peut aussi s'appuyer sur un coach qui nous accompagnera pour nous permettre de mieux utiliser nos ressources ou d'être confronté à nos limites ou encore à nos autosaboteurs les plus subtils.

Mais l'enjeu à redéfinir pour chacun est plus complexe, plus profond. C'est de sortir du rôle de victime, et de changer suffisamment pour ne plus accepter d'être dominé. De se positionner, de s'affirmer, de se respectabiliser pour se faire respecter.

Accepter quelques renoncements et ajustements

Au risque de me répéter, je voudrais rappeler quelques balises pour mieux renforcer ainsi des évidences que nous avons tendance à oublier.

Renoncer à pratiquer la communication indirecte en n'hésitant pas à parler directement à la personne de ce qui la concerne.

Arrêter de parler sur l'autre (de faire des discours sur lui, de porter des jugements de valeur, de lui dicter ce qu'il devrait faire ou pas faire), mais apprendre à lui parler. Tout en sachant que parler à l'autre revient à parler de soi (dire mon point de vue, mon ressenti, mon intention).

Visualiser que toute relation a deux bouts et que nous sommes chacun responsable de notre bout, donc renoncer à vouloir gérer le bout de l'autre !

Arrêter de penser à la place de l'autre, de supposer qu'il ne comprendra pas, qu'il va nous en vouloir (qu'il ne peut pas faire), et donc oser échanger en s'affirmant, en se positionnant, en mettant en évidence les points communs comme les différences, et en invitant l'autre à faire de même.

Entre deux aspirations antagonistes, celle d'être approuvé et celle, tout aussi puissante, de s'affirmer, il nous faudra avoir le courage de renoncer à la recherche d'approbation. S'affirmer, c'est prendre le risque de ne pas être approuvé.

Cesser de s'interroger sur les intentions de l'autre et le pourquoi de son comportement. Tout cela lui appartient, je n'ai pas ou j'ai très peu de pouvoir sur ses pensées, ses conduites ou ses intentions.

Renoncer au plaisir de l'affrontement (vouloir avoir raison sur l'autre) pour pratiquer la confrontation (passer de l'opposition à l'apposition !).

Accepter à certains moments un travail personnel d'archéologie intime pour retrouver dans notre histoire les zones de vulnérabilité, les blessures cachées, les points d'intolérance qui risquent d'être restimulés face à certaines personnes et nous infantilisent plus que nous le souhaitons.

Quand on prend du plaisir à aller au travail, travailler ensemble en sachant qu'il est possible d'échanger, de partager, bref de mettre en commun autour d'un ensemble de règles d'hygiène relationnelle communes, on n'est plus un simple exécutant mais on devient un collaborateur engagé, capable d'offrir le meilleur de lui-même et d'avoir ainsi l'opportunité de rencontrer le meilleur de l'autre. Cela s'appelle Communiquer.

Parler, dialoguer, communiquer

Quel est l'intérêt de la parole ?

La parole (comme d'autres signaux diffusés par l'ensemble de notre corps) permet de transmettre des messages. Des messages verbaux, qui vont être accompagnés par des messages non verbaux, plus ou moins visibles, mais tout aussi importants et essentiels à la transmission de ce que nous voulons dire ou ne pas dire.

Ces messages, suivant leur registre à dominante positive ou négative, peuvent dynamiser ou bloquer une relation, nourrir ou blesser celui qui les reçoit.

À partir de mots vont donc se créer des échanges, des partages et s'établir, parfois, une communication, c'est-à-dire une mise en commun. La poursuite d'échanges et de partages peut ainsi, par la suite, permettre d'aller au-delà de la rencontre vers une relation, c'est-à-dire vers la construction de l'équivalent d'un canal, d'un pont, entre deux personnes qui vont ainsi entretenir d'autres échanges ou partages sur différents plans : intime ou professionnel, économique ou social, culturel ou politique…

Toute relation contient une dimension paradoxale, car elle nous relie à la fois à nous-même (la personne que nous sommes ici et maintenant dans le temps de l'échange, et aussi à notre passé, à notre histoire) et elle nous relie (nous attache parfois) à l'autre (à ce qu'il est ici et maintenant dans le temps de la rencontre, et aussi à son passé ou à son histoire). Toute relation est donc un incroyable amplificateur d'énergie, capable de nous relier non seulement à nous-même, aux autres, mais aussi, d'une certaine façon, à l'immensité de l'univers.

Avant d'être exprimée (sortir de soi), une parole est intériorisée, plus ou moins spontanément ou plus ou moins laborieusement. Donc, par la parole, nous pouvons agrandir cette part de nous qui va du plus intime au plus social, du plus profond de nous au plus large et au plus haut de nos possibles, pour transmettre soit le meilleur de nous, soit aussi parfois le pire de nous.

En quoi une parole peut-elle permettre de soulager des tensions, de réparer des situations inachevées, insatisfaisantes ou blessantes ?

Une parole n'est jamais neutre, elle peut être porteuse de messages gratifiants, valorisants, stimulants, ou au contraire de messages négatifs, destructeurs ou pervers.

Une parole doit avoir une source et une direction, celle d'une oreille, d'une écoute. Elle doit parler de nous (et non parler sur l'autre) pour pouvoir témoigner de notre ressenti, de nos idées, de nos croyances, de nos sentiments, de ce que nous avons fait ou pas fait… Tout cela, en direction de quelqu'un : l'autre (celui qui n'est pas nous), avec le risque d'être déformée à la réception (ce qui est dit n'est pas toujours ce qui est entendu), avec aussi parfois le miracle de rejoindre l'autre au plus près de lui-même, pour lui permettre de mieux se dire à son tour ou de mieux entendre (en miroir) ce qu'il vient de dire et créer ainsi un dialogue plus libre ou plus ouvert.

**Mais parfois la parole se bloque,
reste à l'intérieur, prisonnière
soit de pudeurs, d'interdits et de censures,
soit de craintes, voire de menaces.**

Une parole peut se bloquer chez l'émetteur, celui qui voudrait se dire mais n'en prend pas le risque, se sent menacé ou se censure lui-même.

Elle peut être réprimée par l'autre (interlocuteur ou écoutant potentiel), qui ne souhaite pas l'entendre, qui la rejette ou la censure.

Tout cela se traduit par des non-dits ou des *ne-pas-dire* qui peuvent avoir plusieurs enjeux pour origine.

• Soit nous voulons protéger, par notre silence, celui ou celle dont nous pressentons qu'il sera menacé, blessé, meurtri par nos paroles, par nos révélations.
• Soit nous craignons de ne plus être aimé, d'être mal jugé, d'être rejeté ou exclu si nous révélons une partie de nous que nous anticipons comme peu ou pas acceptable par l'autre.

Certains non-dits servent aussi à entretenir une situation conflictuelle (conflits larvés) que l'on ne veut pas réellement régler. Ainsi en maintenant une accusation silencieuse : « *Je préfère voir l'autre comme mauvais (mauvais père, mauvaise mère, mauvais mari, mauvaise femme, mauvais collègue ou mauvais chef de service), ce qui peut me permettre de me présenter (à mes propres yeux comme à ceux des autres) comme une victime, tellement courageuse de supporter tout cela en silence, dans l'incompréhension de tous, dans l'ignorance où ils sont de ne pas savoir quelle personne formidable je suis quand même, quel héros je peux être à l'intérieur de moi ! »*

Le silence peut servir aussi à culpabiliser, à garder le pouvoir sur l'autre. « *Je sais des choses que tu ne sais pas et que je garderais pour moi !* »

Pourquoi il est si difficile de parler ouvertement ?

Que ce soit dans la sphère intime (couple, famille) ou dans la sphère professionnelle (monde du travail) ou encore publique (quartier, village, ville ou nation), il peut paraître difficile à certains de s'exprimer. Se dire, c'est en quelque sorte risquer de se dévoiler et de donner ainsi une emprise (réelle ou fantasmée) à l'autre. Pouvoir se dire avec le plus de liberté possible suppose de sortir d'un conflit commun à beaucoup : le conflit entre besoin d'approbation et besoin d'affirmation. Si je prends le risque de m'affirmer, et donc de me dire, je devrai renoncer à mon besoin d'être approuvé. Quand ce besoin, qui a des racines très archaïques, domine en nous, quand nous recherchons l'approbation ou l'accord de l'autre, il sera difficile de nous dire au plus près de ce que nous pensons, ressentons ou éprouvons.

Celui qui parle a, au moins, deux attentes principales :

- celle d'être écouté (se sentir écouté, c'est avoir le sentiment de pouvoir capter la présence et l'attention de l'autre),
- celle d'être entendu ; se sentir entendu, c'est avoir le sentiment que nos mots sont arrivés jusqu'à l'autre, qu'il a été touché et capable, peut-être au-delà de son écoute, de nous renvoyer un retour, un reflet, un éclairage sur ce que nous avons exprimé. Cela va créer un échange et dynamiser, nourrir, stimuler la relation.

Mais le principal obstacle à pouvoir se dire ouvertement, que ce soit dans le domaine intime ou dans le domaine professionnel, se situe le plus souvent dans la répression imaginaire que nous construisons nous-même. Ainsi nous risquons d'anticiper, à partir de nos peurs, de notre image, de notre amour-propre, que l'autre va mal nous juger, se dérober ou nous fuir, ou qu'il ne va plus nous aimer... Alors nous faisons de la rétention, mais avec le risque que cela « sorte quand même » de façon plus indirecte ou inconsciente, à travers des lapsus, des actes manqués ou des comportements atypiques.

« Qu'on le dise ou qu'on ne le dise pas, ça parle quand même. » Autrement dit, le « non-dit » se dit et parle avec l'un ou l'autre des innombrables langages non verbaux que nous avons à notre disposition. Le non-dit peut aussi se dire ou se révéler à travers un masque, un code, avec une foultitude de messages indirects ou travestis que l'autre peut entendre ou ne pas entendre, mais qui provoquent des malaises, des sabotages inconscients, des contradictions dans les projets, des malentendus dans les consignes, des tensions à partir de doubles messages[1] (fréquents dans le monde du travail).

Se débarrasser de cet autosaboteur parmi les plus négatifs qu'est la répression imaginaire est une démarche d'assainissement pour l'ensemble des relations que nous tissons.

Quand je me dis, je dois prendre le risque de l'écoute, de la non-écoute ou de l'écoute déformée de l'autre et avancer quand même avec chacune de ces alternatives.

Les non-dits peuvent provoquer certains ravages dans les familles, les couples et aussi dans les lieux de travail.

Les ravages liés aux non-dits, en termes de souffrance, de désarroi, de réveil ou de réactivation des blessures de l'enfance, sont nombreux, que ce soit dans les relations familiales, conjugales ou professionnelles.

Suivant l'aphorisme : « *Quand il y a le silence des mots, se réveille la violence des maux.* » De nombreux non-dits vont quand même se dire (et même hurler) à travers les langages du corps (somatisations diverses plus ou moins pénibles, maux de tête, maux de dos, maux de ventre, apparition de psoriasis, d'eczéma, zona : la peau étant ce qui sépare le dedans du dehors, ce qui reste coincé au-dedans va se pro-

---

1. Un double message consiste à envoyer en même temps deux injonctions auxquelles il sera impossible de répondre, car l'une va annuler l'autre.

jeter sur la peau comme sur un écran de télévision. Nous savons mieux aujourd'hui comment tout cela fonctionne.

Il y a aussi l'apparition de blocages (disparition du désir chez l'un des partenaires dans un couple), de manifestations outrancières, de comportements agressifs (verbaux ou physiques) ou de dysfonctionnements physiologiques, d'accidents (plus fréquents qu'on ne l'imagine).

Dans le cadre professionnel, on en retrouve l'impact sur le plan somatique, également dans des comportements réactionnels (disproportionnés par rapport à l'élément déclencheur), des conduites ou des prises de décision inadaptées, face aux exigences professionnelles. Et surtout dans le développement de rumeurs, de bruits de couloir. Car les non-dits ressurgissent dans les lieux plus informels (cafétéria, cantines, vestiaires, café du coin…), véhiculés à l'emporte-pièce.

Les non-dits s'expriment de façon voilée, plus indirecte, plus diffuse, plus sournoise, et polluent un grand nombre de personnes, bien au-delà des individus directement concernés.

Comment aller au-delà des non-dits ou des blocages relationnels ?

En matière de relation, il y a rarement des solutions, seulement des évolutions. Il n'y a pas de réponse globale aux difficultés de la communication. Mais il y a toujours la possibilité de mettre en place dans un ensemble d'individus donné (famille, entreprise, institution) des points d'accord minima autour de quelques règles d'hygiène relationnelle à coopter en commun. La mise en pratique de ces règles, qui sont autant de balises permettant de poser les bases d'une mise en commun plus saine, plus opérationnelle, devrait permettre d'éviter de s'enfermer durablement dans des impasses, de diminuer les tensions, de traverser positivement les crises inévitables qui jalonnent toute relation de longue durée.

Quel est l'intérêt de dialoguer ?

Le dialogue est une forme particulière de partage en réciprocité où chacun peut se dire, répondre, amplifier ou minimiser le dit de l'autre. Le dialogue suppose la confrontation[1], c'est-à-dire une mise en commun par apposition des points de vue. Ce qui s'opposera au dialogue, c'est l'affrontement par opposition ou soumission, pseudo-acceptation ou rejet des points de vue de chacun. L'intérêt du dialogue se joue sur plusieurs registres.

Intérêt personnel pour chacun des protagonistes. Celui qui parle va se sentir entendu, reconnu, valorisé. Il retrouve confiance et estime de soi, si l'écoute de l'autre est bienveillante, dynamique et stimulante. C'est à travers le dialogue que se construit non seulement une grande partie de notre personnalité, mais que les blessures du passé peuvent se restaurer, que des ressources nouvelles peuvent émerger chez l'un et l'autre. Celui qui écoute et répond peut nourrir ainsi sa propre créativité et amplifier ses possibles et ceux de celui qui se dit. Il peut de la sorte s'affirmer, se construire, mieux se définir.

---

1. Cf. *Heureux qui communique*, Pocket n° 12510.

Nous sommes des êtres de relation, avec différents besoins. Besoins de survie (se nourrir, dormir, être en sécurité, etc.), besoins éducationnels (mieux comprendre le monde qui nous entoure), besoins relationnels (de se dire et d'être entendu, d'être reconnu et valorisé, d'intimité, de créer et de rêver). C'est à travers le dialogue que les besoins relationnels vont pouvoir être comblés.

Échanger, partager, c'est avoir la possibilité de respecter nos besoins relationnels, besoins vitaux à notre propre équilibre intime, besoins qui nourrissent notre vie, qui nous dynamisent, qui nous rendent plus vivants, plus confiants, plus estimables et qui nous permettent de rester dans le plaisir d'être.

Conforter notre besoin
d'être reconnu

Parmi nos besoins relationnels, le besoin d'être reconnu tel que nous sommes, tel que nous nous sentons (et non tel que l'autre nous voudrait) me semble être un des plus sensibles. En particulier quand notre ressenti immédiat ne correspond pas aux perceptions d'autrui, quand il y a un décalage entre l'image que nous avons de nous et l'image que nous renvoie l'autre.

Ce besoin d'être reconnu est plus souvent blessé qu'on ne l'imagine. Ainsi quand nous faisons beaucoup pour quelqu'un et que cela n'est pas reconnu, quand nous donnons le meilleur de nous et que cela n'est pas reçu, quand nous offrons la part la plus féconde de notre être et que cela est ignoré ou galvaudé, alors se réveillent des blessures qui saignent à l'intérieur, s'incrustent des souffrances indicibles, s'installent le désespoir et la détresse, se développe la non-confiance en tout ce qui nous entoure et, surtout, en nous-même. Cela arrive dans certaines relations amoureuses, également dans certains couples, cela surgit dans certaines relations parentales, cela s'installe et perdure aujourd'hui dans beaucoup de relations profession-nelles.

Notre besoin d'être reconnu et accepté incondition-nellement, même avec nos contradictions, est un des plus archaïques. Il est toujours à l'affût, cherchant confirmation. Besoin qui se diversifie en besoins secon-daires tout aussi importants. Besoin d'être approuvé, gratifié et identifié comme bon, comme important, comme porteur de qualités rares, confirmé comme fiable ou perçu comme une source de bienfaits.

Si je ne me sens pas reconnu, que ce soit dans le beaucoup que j'ai imaginé avoir donné ou le peu que j'ai fait, s'ouvre en moi une faille qui va se rem-plir d'un ressenti pernicieux sur lequel l'imaginaire va broder des arabesques autour de la victimisation, voire de la persécution. Je me sens alors mal aimé, incom-pris, bafoué, maltraité dans ma bonne volonté de bien faire, indigné que l'on puisse penser que j'aurais dû en faire plus ou différemment et très souvent blessé que l'on puisse imaginer que si je n'ai pas fait assez, j'aie pu le faire consciemment, volontairement !

Un travail sur soi, autour de la vulnérabilité sécrétée par le besoin d'être reconnu, pourra se faire en com-prenant mieux qu'il y a en amont de notre histoire deux besoins incompatibles. Un besoin d'approbation et un besoin d'affirmation qui ne peuvent cohabiter. Que si je prends le risque de m'affirmer il faudra que je renonce à l'approbation d'autrui, et en particulier de ceux qui me sont proches. Si mon besoin d'appro-bation domine, mon besoin d'être reconnu sera fragi-lisé. Si mon besoin d'affirmation prend le dessus, mon besoin d'être reconnu sera présent, plus ou moins sen-sible, plus ou moins à fleur de peau et donc vivable.

Comment construire
la confiance en soi

Les bases les plus profondes qui structurent durablement la confiance en soi en chacun de nous sont liées à la qualité des relations proposées, vécues et intériorisées dans la petite enfance, soit avec notre entourage proche (parents et parentèle), soit avec notre environnement. La confiance en soi n'est pas liée uniquement, comme beaucoup le croient, à l'amour dont nous avons pu être entouré ou privé. Ce qui va inscrire en nous cette sécurité intime, cette force tranquille, cette façon paisible d'être au monde qu'on appelle la confiance en soi, c'est la somme des messages positifs que nous aurons reçus et intériorisés, tels que : valorisations, gratifications, confirmations de nos qualités, de nos ressources, de nos limites aussi. Par les diverses façons dont nous aurons été invité à nous positionner, à nous affirmer, à mieux nous définir. L'enfant, l'adolescent et le jeune adulte qui a été ainsi nourri par des regards et des échanges bienveillants, par une écoute et des gestes vivifiants, et surtout avec des partages peu conflictuels, a pu inscrire en lui, en plus d'une image positive, une vitalité dynamique, des énergies positives, de la confiance, de l'estime et de l'amour de soi qui le confirmeront dans ses ressources et ses capacités à affronter les péripéties et les imprévus de la vie.

Tous ceux (et ils sont nombreux) qui n'auraient pas été suffisamment accompagnés ou soutenus dans leur enfance par des relations de qualité, telles qu'elles sont énoncées ci-dessus ; tous ces ex-enfants qui auraient reçu (en particulier dans leur cursus scolaire) trop de messages disqualifiants ou toxiques, qui auraient été contraints de vivre dans un environnement peu fiable ou insécurisant, ceux-là ont pu accumuler en eux trop de *dévivance* et avoir été pollués ou chargés d'énergies négatives. Tous ceux-là auront perdu le plus souvent l'estime et l'amour de soi, et par là même la confiance en eux.

Si nous sommes dans ce cas, il est toujours possible de nous donner les moyens, quel que soit notre âge, de nous réconcilier avec le meilleur de nous-même afin d'accéder à une confiance plus consistante, plus solide, plus cohérente. En particulier en s'appuyant sur quatre ancrages qui me paraissent structurer toute démarche pour se réapproprier plus de confiance en soi.

- Apprendre à s'aimer (non d'un amour narcissique, mais d'un amour de bienveillance).
- Apprendre à se respecter (à dire non et à ne plus se laisser définir par les autres).
- Apprendre à, se responsabiliser (je ne suis pas responsable nécessairement de tout ce qui m'arrive, mais je suis responsable de ce que je fais avec ce qui m'arrive).

- Apprendre à rester fidèle à ses valeurs, à ses choix, à ses engagements de vie.

Le travail sur soi qui permet de développer ou de renforcer ces quatre ancrages peut se faire à l'aide de quelques règles d'hygiène relationnelle simples, accessibles à chacun, qui permettront de confirmer les bases d'une confiance en soi. Confiance qui aujourd'hui semble de plus en plus nécessaire, dans un monde en mutation où les repères changent, où les certitudes se fragilisent, où les savoirs se renouvellent si vite qu'il devient difficile de les intégrer et d'en faire son profit. En intégrant quelques concepts issus de la méthode ESPÈRE[1], que j'ai inventée, en mettant en œuvre des outils et des règles d'hygiène relationnelle, applicables au quotidien de chacun, tant dans sa vie personnelle que dans sa vie professionnelle, il devient possible à chacun de construire, sinon de reconstruire, une confiance en soi fiable.

---

1. Voir : *Pour ne plus vivre sur la planète taire*, Albin Michel.

Accéder à la liberté d'être

La liberté d'être ne peut nous être ni donnée, ni accordée par quelqu'un d'extérieur à nous-même. Elle se construit lentement, avec cohérence et ténacité (il faut parfois toute une vie !), autour de quelques ancrages, qui seront autant de champs de forces pour nous permettre de ne plus nous laisser définir par autrui, de nous affirmer et de nous positionner face aux autres, non dans le réactionnel mais dans une confrontation ouverte.

La liberté d'être commence par le dépassement d'un conflit intrapersonnel très archaïque, le conflit entre notre besoin de nous affirmer et notre besoin d'approbation (qui est tout proche d'un désir infantile, celui de ne pas faire de la peine à ceux que nous aimons et dont nous souhaitons l'accord et l'approbation, comme pour valider nos décisions et nos engagements).

La liberté d'être se construit avec l'écoute et la prise en compte de nos besoins relationnels qui sont à la base de la confiance en soi, de l'estime de soi et de l'amour de soi. Ces trois ancrages me semblent importants pour pouvoir affronter l'imprévisible des rencontres, et ils seront d'autant plus fiables que nous serons attentifs à nous respecter.

Et puis il y a toutes ces libertés à découvrir et à intérioriser.

Libertés

Libertés, je vous nomme aujourd'hui au pluriel
car vos visages sont aussi multiples
que les chemins que vous nous invitez
à prendre pour vous rejoindre.
Pour la plupart des être humains,
c'est-à-dire pour chacun d'entre nous,
il reste encore beaucoup, beaucoup de libertés
à conquérir et plus encore à découvrir.
Mais au-delà des libertés qui me paraissent prioritaires
pour les femmes et les hommes d'aujourd'hui,
comme la liberté de pouvoir se respecter dans son corps,
celles de faire des choix plus libres dans son quotidien,
dans son alimentation, sa vêture, ses loisirs,
ses croyances, ses convictions politiques et sociales,
celles qui protègent notre sécurité physique,
celles qui donnent la possibilité de se déplacer
et de circuler à sa convenance,
celles qui nous permettent de découvrir
et de respecter d'autres modes de vie
ou encore celles qui assurent la protection des enfants.
Bien au-delà de toutes ces libertés

il y a une liberté essentielle, celle d'être soi-même.
La liberté de ne pas être aliéné par ses propres désirs,
celle de ne pas rester dans la dépendance
des réponses de l'autre.
Une liberté qui permet de vivre dans un accord
harmonieux avec soi-même et avec autrui,
d'aimer et d'être aimé, de se responsabiliser,
de rester fidèle à ses valeurs et engagements,
de se respecter dans tout partage et échange,
de pouvoir honorer la terre de ses origines,
et d'avoir, aussi, le temps de rêver à un monde meilleur.

Ce que la vie m'a appris

Ce que la vie m'apprend tous les jours, à chaque instant, ce que la vie m'a appris, surtout sur le tard de ma vie, c'est qu'elle était trop courte et qu'il fallait ne pas passer à côté d'elle, ne pas la gaspiller ou maltraiter le temps de sa présence en nous. Elle m'a invité avec patience et ténacité à la vivre à pleine vie. Vivre son existence au plein du présent sans s'enfermer ou se paralyser dans la nostalgie du passé, sans fuir dans les errances d'un avenir hypothétique. Qu'il était possible d'inscrire chaque parcelle de vie dans l'éternité d'un instant.

Une des plus belles leçons que la vie m'a fait découvrir, c'est que je pouvais non seulement la donner (je suis le père de 5 enfants), mais aussi la dynamiser en la nourrissant d'énergie et de messages positifs, qu'il était possible de l'agrandir autour de moi en offrant mes possibles et en respectant mes limites. Elle m'a appris que je pouvais l'embellir en lui offrant du beau, la pacifier en recherchant la présence d'êtres en paix avec eux-mêmes, la stimuler en m'entourant d'objets harmonieux, et surtout la protéger en osant découvrir que derrière toute peur il y avait un désir à entendre.

La vie m'a appris qu'elle était faite d'une succession de miracles. Je m'étonne et j'ai envie de hurler quand j'entends autour de moi des gens dire que « la vie est difficile », qu'elle « n'est pas marrante… ». Ma fille, qui est biologiste, m'a dit un jour avec son enthousiasme inépuisable : « Tu sais, papa, le fait que je puisse te parler et que tu puisses m'écouter, cela suppose que des milliards de connexions en toi et en moi doivent fonctionner en même temps. La vie est un miracle permanent, on devrait se mettre à genoux tous les matins pour la remercier. »

La vie m'a appris qu'on doit la respecter, je veux dire par là qu'on ne doit pas blesser, abîmer l'une ou l'autre de ses manifestations autour de nous, l'un ou l'autre de ses visages, de sa présence en nous.

La vie m'a appris que le propre du vivant sur cette planète est qu'il sécrète des déchets, et donc que si une relation est vivante, aussi formidable soit-elle, elle va produire des scories qu'il ne faudra pas laisser dans la relation ; il sera nécessaire de les évacuer, de s'en libérer.

La vie m'a appris qu'elle est généreuse, bien-veillante, inépuisable dans ses manifestations les plus diverses. Que dans tout événement, même le plus terrifiant, le plus catastrophique, il y a le possible d'un germe de changement ou d'une renaissance.

La vie m'a appris qu'on pouvait aussi la magnifier au travers de rencontres magiques, comme le sont par exemple les rencontres amoureuses. C'est dans l'amour partagé en réciprocité que la vie prend toute sa saveur, donne tout son goût, prend toute son ampleur.

La vie m'a appris à être humble quand j'ai découvert que je n'avais pas de pouvoir sur mes sentiments, ni sur ceux de l'autre, que je ne pouvais pas dicter à mon désir, pas plus qu'à celui de l'autre.

La vie m'a fait aussi le cadeau de m'offrir des périodes et des tranches de santé et de bien-être qui m'ont permis de ne pas sombrer dans le désespoir et la déprime.

Et puis – puis-je le dire sans aucune réserve ? – la vie m'a fait découvrir qu'il est possible d'inventer des relations plus vivantes et saines grâce à la méthode ESPÈRE, une approche pour permettre à chacun de se relier au meilleur de lui comme au meilleur de l'autre.

Ma vie ardente et fidèle m'a ainsi accompagné tout au long de ces années et ma reconnaissance à son égard est infinie.

En conclusion

Tout reste ouvert.

Il appartient à chacun d'oser respecter sa vie, et pour cela de s'éveiller aux relations humaines.

Il relève de la responsabilité de chacun de mieux se définir, de mieux se positionner face à l'autre, et donc d'apprendre à se respecter.

Cela nous permettra non seulement de survivre, mais de vivre plus en accord avec nous-même et notre entourage.

Il découle de tout ce qui précède que nous avons beaucoup plus de ressources que ce que nous l'imaginons ou le pensons, et surtout un pouvoir d'auto-guérison extraordinaire si nous ne l'enfouissons pas sous des conditionnements et des croyances qu'il faut dépasser.

Table des matières

collection
évolution

Développement personnel

À tout questionnement, il existe une réponse.
Nos livres sont là pour vous aider à vous libérer,
vous révéler et aller de l'avant.

T'ES TOI QUAND TU PARLES

Jacques Salomé

Communiquez entre enfants et parents

Savoir dire les choses et écouter ses émotions pour dénouer les problèmes d'incommunication, cela s'apprend. Jacques Salomé vous livre un traité plein d'humour et de finesse qui rétablit le dialogue entre enfants et parents, le dialogue avec l'autre. Un véritable guide de la communication au quotidien.

POCKET N° 12509

PASSEUR DE VIES

Jacques Salomé

Oser écrire son propre destin

À travers cet entretien, Jacques Salomé partage avec ses lecteurs ses expériences et ses leçons de vie. Découvrez son parcours vers une meilleur compréhension d'autrui, pour devenir à votre tour des passeurs de vies.

POCKET N° 11342

AIMER ET SE LE DIRE

Jacques Salomé & Sylvie Galland

Les secrets d'un couple qui dure

Il n'est pas facile d'exprimer ses sentiments, ses désirs ou ses craintes. Pourtant, les partager avec l'être aimé est l'une des plus belles expériences de couple. Jacques Salomé et Sylvie Galland, s'appuyant sur des témoignages sincères, nous invitent à nous ouvrir à l'autre pour vivre à deux, pour longtemps.

POCKET N° 13617

JAMAIS SEULS ENSEMBLE

Jacques Salomé

Sur la voie d'un amour vivant

Les liens qui unissent un couple peuvent triompher de toutes les difficultés. L'amour est un sentiment fort, aux ressources insoupçonnées. C'est un cheminement à deux où chacun, tout en restant soi-même, partage avec l'autre.

POCKET N° 13793

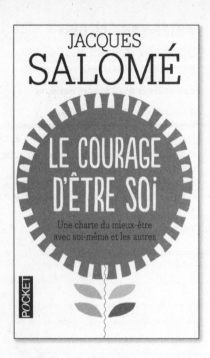

LE COURAGE D'ÊTRE SOI

Jacques Salomé

Être mieux, avec soi et les autres

Comment rester fidèle à soi-même ? Jacques Salomé nous donne là quelques balises pour avoir l'audace d'exister et le courage d'être fidèle à nos convictions. Il nous donne le « courage d'être soi » et établit un pont entre psychologie et spiritualité.

POCKET N° 11088

UNE VIE À SE DIRE

Jacques Salomé

Préserver son couple

Nous n'avons qu'une vie, et pour la vivre le mieux possible, la règle d'or est d'aimer ce que l'on est, ce que l'on a. En écrivant ce récit dans lequel chacun pourra se reconnaître, Jacques Salomé présente sous une forme originale sa méthode pour établir une « écologie relationnelle ».

POCKET N° 11736

PARLE-MOI, J'AI DES CHOSES À TE DIRE

Jacques Salomé

Pour une vie de couple réussie

La communication entre deux partenaires peut parfois devenir difficile. Découvrez comment (re)créer l'intimité, la spontanéité et la complicité. Un ouvrage indispensable pour tous ceux qui veulent une vie de couple épanouissante et enrichissante.

POCKET N° 14524

LA VIE À CHAQUE INSTANT

Jacques Salomé

Une pensée positive par jour

Un compagnon qui vous vous guidera dans vos relations personnelles et professionnelles. Un clin d'œil, une sensibilisation au quotidien, qui devraient ouvrir en chacun un espace de partage et de paix. Pour tous ceux et celles qui recherchent des relations équilibrées, vivantes et créatrices.

POCKET N° 14969

Faites de nouvelles rencontres sur
pocket.fr

- Toute l'actualité des auteurs :
  rencontres, dédicaces, conférences...
- Les dernières parutions
- Des 1ers chapitres à télécharger
- Des jeux-concours sur les différentes
  collections du catalogue pour gagner
  des livres et des places de cinéma

POCKET – 12, avenue d'Italie – 75627 Paris Cedex 13

Date initiale de dépôt légal : octobre 2012
Dépôt légal de la nouvelle édition : novembre 2015
S26675/61